Scambio ①

Ausgabe A
Unterrichtswerk für Italienisch

Arbeitsheft

C.C.Buchner

Scambio

Ausgabe A
Unterrichtswerk für Italienisch
Herausgegeben von Verena Bernhofer

Arbeitsheft 1

Erarbeitet von Michaela Banzhaf, Antonio Bentivoglio, Verena Bernhofer, Claudia Assunta Braidi, Anna Campagna, Simone Cherubini, Anne-Rose Fischer, Ingrid Ickler, Annika Klein, Isabella Maurer, Tiziana Miceli, Stephanie Nonn und Martin Stenzenberger

Bildnachweis

Bridgeman Images/Ludwig Collection, Aachen – S. 64. **DPA picture alliance:** – Annegret Hilse – S. 13 // dpa-Zentralbild/ Jan Woitas – S. 17 // – Photoshot – S. 17 // – dpa-Report – epa efe Zipi – S. 17 // – Wolfgang Kumm – S. 17 // – Geisler Fotopress/Uta Konopka – S. 42 // –APA/EXPA/Johann Groder – S. 59. Fotolia/unpict – S. 3. Getty Images/Wire Images/ Dominique Charriau – S. 59. **iStock:** – rusm – S. 44 // – fotoVoyager – S. 44 // rungrote – S. 62, 78. Kamenar, Eugen, Bamberg – Umschlag, S. 22, 44 (4). Thinkstock: – Photodisc/David de Lossy – S. 13 (2) // – Creatas/Jupiterimages – S. 31, 73 // – Ingram Publishing – S. 68 // – Design Pics – S. 44 // – Purestock – S. 57. **Thinkstock/iStockphoto:** – PhilipPilosian – S. 3 // – OlgaMiltsova (2) – S. 3 // – OlenaMykhaylona – S. 3 // – Zinkevych – S. 3 // – Yulia Davidovich – S. 3 // – TSchon – S. 3 // – deyangeorgiev – S. 3 // – Gencer Yurttas – S. 3 // – bhofack 2 – S. 3 // – GooDween – S. 3 // – AxenteVlad – S. 3 // – SergiyN – S. 12 – // – Joel Blit – S. 13 // – AarStudio – S. 13 // – Shock – S. 13 // – ilkafranz_com – S. 31, 73 // – Sergej Borzov – S. 44 // – Hedda Gjerpen – S. 44 // – Jens Hilberger – S. 46 // – artpritsadee – S. 57 // – Fotoltre – S. 57 // – dolgachov – S. 57 // – hydbzxy – S. 63 // – Gashumovz – S. 69. Scala/Museo Pio-Clementinom, Vatican – S. 42. VG Bild-Kunst, Bonn 2015 – S. 64. Wikimedia: – Danie Ahs Karlsson/CC BY-3.0 // – Warrenfish/Eigenes Werk/CC BY-SA 3.0 – S. 42 // – Altobello Melone – S. 42 // Phyrexian/CC 0 1.0 – S. 43, 44 // – Mattia.bramb/Own work/CC BY-SA 3.0 – S. 59.

1. Auflage, 1. Druck 2015
Alle Drucke dieser Auflage sind, weil untereinander unverändert, nebeneinander benutzbar.

Dieses Werk folgt der reformierten Rechtschreibung und Zeichensetzung. Ausnahmen bilden Texte, bei denen künstlerische, philologische oder lizenzrechtliche Gründe einer Änderung entgegenstehen.

Redaktion: Caroline Meidenbauer
Layout und Satz: PER Medien+Marketing GmbH, Braunschweig
Illustrationen: Bettina Kumpe, Braunschweig
Umschlag: tiff.any GmbH, Berlin
Druck und Bindung: creo Druck & Medienservice, Bamberg

www.ccbuchner.de

ISBN 978-3-661-**39021**-5

Ingresso

E1 **Parli già un po' italiano?** Sprichst du schon ein bisschen Italienisch?

1. Quali parole conosci già? Welche Wörter kennst du schon?

2. Leggi le parole e decidi. Senti una [k], [tʃ], [g], [dʒ], [sk] o [ʃ], [ʎ], [ɲ]? Sottolinea i suoni in colori diversi. Lies die Wörter und entscheide. Hörst du ein [k], [tʃ], [g], [dʒ], [sk] oder [ʃ], [ʎ], [ɲ]? Unterstreiche die Laute in verschiedenen Farben.

musica   lasagne   gelato   Pinocchio   tagliatelle   latte macchiato

maschera   caffè   biscotti   cappuccino   violino

spaghetti   gnocchi   pianoforte a coda   violoncello   scena

3. Abbina le parole alle foto. Ordne die Begriffe den Bildern zu.

E2 **Conosci già un po' l'Italia?** Kennst du Italien schon ein wenig?

Max va a Roma. E voi? Qual è il vostro viaggio da sogno in Italia? Max fährt nach Rom. Und ihr? Welche ist eure Traumreise nach Italien?

1. Quali città o regioni conosci già? Fai un elenco e poi confrontalo con quello dei tuoi compagni di classe: Chi conosce gli stessi posti? Welche Städte oder Regionen kennst du bereits? Erstelle eine Liste und vergleiche sie mit denen deiner Klassenkameraden: Wer kennt die gleichen Orte?

	Conosco un po' … Ich kenne ein wenig	Conosco bene … Ich kenne gut …	Conosco molto bene … Ich kenne sehr gut …
dalle vacanze. von den Ferien.			
dalle lezioni a scuola. aus dem Unterricht.			

2. Dove volete andare per una settimana in gita scolastica? Wohin wollt ihr zu einer einwöchigen Klassenfahrt fahren?

_____

_____

E3 **L'Italia secondo la pronuncia** Italien nach der Aussprache geordnet

Scrivi città o regioni con [k], [tʃ], [g], [dʒ], [sk], [ʃ], [ʎ], [ɲ] al posto giusto nella tabella. Trage Städte oder Regionen mit [k], [tʃ], [g], [dʒ], [sk], [ʃ], [ʎ], [ɲ] richtig in die Tabelle ein.

[k]	
[tʃ]	
[g]	
[dʒ]	
[sk]	
[ʃ]	
[ʎ]	
[ɲ]	

E4 **Che bella la musica italiana!** Die italienische Musik ist schön!

Prima di cantare _Il mondo insieme a te_, la canzone preferita di Max, un po' di pronuncia. Bevor wir Max' Lieblingslied _Il mondo insieme a te_ singen, üben wir ein wenig die Aussprache.

1. Inserisci le seguenti parole nella tabella. Füge die nachfolgenden Wörter in die Tabelle ein.

b̲ello, c̲he, c̲ome, il̲, m̲ondo, in̲sieme, t̲e, s̲embra, impossibil̲e, c̲iò, v̲edo, d̲a, sempr̲e, f̲are, guardare, rina̲scere, ri̲schiavo, mil̲le

Pronuncia della consonante come in tedesco Aussprache des Konsonanten wie im Deutschen	Pronuncia della consonante diversa dal tedesco Aussprache des Konsonanten anders als im Deutschen
bello,	*che,*

2. Ecco il testo della canzone. Decidi come si pronunciano i suoni in grassetto. Hier ist der Liedtext. Entscheide, wie die fett gedruckten Wörter ausgesprochen werden.

Max Pezzali, *Il mondo insieme a te*

Forse non sarei
[k] **c**ome sono adesso
forse non avrei
questa forza addosso
5 forse non saprei
neanche fare un passo
forse (■) **c**rollerei
(■) **sc**ivolando in basso
(■) in**c**e tu sei qui
10 e mi hai dato tutto questo
e invece tu sei qui
mi hai rimesso al proprio posto
i più (■) pi**cc**oli
pezzi della mia esistenza
15 (■) **c**omponendoli
dando loro una (■) **c**oerenza

come è bello il mondo insieme a te
mi sembra impossibile
che tutto (■) **c**iò che vedo (■) **c**'è
20 da sempre solo (■) **c**he
io non sapevo come fare
per (■) **g**uardare ciò che tu
mi fai vedere
come è grande il mondo insieme a te
25 è come rinascere
e vedere finalmente che
(■) ri**sc**hiavo di perdere
mille miliardi e più di (■) **c**ose
se tu non mi avessi fatto
30 il dono di dividerle con me
forse non avrei
mai trovato un posto
forse non potrei
(■) re**g**alarti un (■) **g**esto

35 forse non saprei
neanche cosa è (■) **gi**usto
forse non sarei
neanche più rimasto
invece tu sei qui
40 sei arrivata per restare
invece tu sei qui
non per prendere o (■) la**sci**are
ma per rendermi
(■) o**gn**i (■) **gi**orno un po' (■) mi**gl**iore
45 (■) inse**gn**andomi
la (■) sempli**c**ità di amare

come è bello il mondo insieme a te
mi sembra impossibile
che tutto ciò che vedo c'è
50 da sempre solo che
io non sapevo come fare
per guardare ciò che tu
mi fai vedere
come è (■) **g**rande il mondo insieme a te
55 è come (■) rinascere
e vedere finalmente che
rischiavo di perdere
mille miliardi e più di cose
se tu non mi avessi fatto
60 il dono di dividerle con me

come è grande il mondo insieme a te
è come rinascere
e vedere finalmente che
rischiavo di perdere
65 mille miliardi e più di cose
se tu non mi avessi fatto
il dono di dividerle con me

3. Trova le parole dello stesso gruppo nel testo della canzone. Finde Wörter der gleichen Gruppe im Liedtext.

[k]	*come*
[tʃ]	*invece*
[g]	*grande*
[dʒ]	*gesto*
[sk]	*rischiavo*
[ʃ]	*scivolando*
[ʎ]	*migliore*
[ɲ]	*ogni*

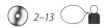 2–13

E 5 **A tutta voce.** Wir sprechen laut.

Le vocali Die Vokale

a. Semplici
Einzelvokale

Marco – Enrico – Alberto – Barbara – Carla – Sabrina – Ugo – Sara – Federico – Loredana

b. Dittonghi
Diphthonge

buona – piazza – siamo – Romeo – Maria – paese – miele – paura – Paolo – Paola

Le consonanti Die Konsonanten

a. Semplici Einzelkonsonanten

b/p	buonasera – sbrigati – Bergamo – bacione – bomba – Pisa – Napoli – Spagna – piacere
d/t	duomo – Adriano – dormire – Leonardo – da – talento – saluti – Celentano – Roberto – Dante
f/v	forza – Sofia – Firenze – forte – Alfa – salve – Venezia – vai – trovi – Verona
q	quale – qui – qua – questo – acqua
c	ciao – amici – bacio – arrivederci – liceo – cento – felice – Cesare – Cenerentola – Cecina – musica – camera – cambiare – amica – vacanza – caro – barca – come – con – ancora – chi – Chiara – chiesa – greche – Chianti – che – amiche
g	regista – gita – giorno – grigio – giusto – Giulia – mangiare – gente – gentile – Germania – Genova – pagare – governo – regola – Liguria – guardare – laghi – Lamborghini
sc	tedesco – tedesca – Tosca – scuola – schiuma – pesche – scherzo – monegasche – scientifico – conoscere
gl	famiglia – figlio – grigliata – figlia – groviglio
gn	lasagne – Benigni – Bologna – compagni

b. Doppie Doppelkonsonanten

prosciutto – ghetto – Gennaro – oggi – zucchero – ragazzi – Bellucci – grappa – specchio – Pinocchio – orecchio – tutti – quello – bicicletta – maresciallo – leggere – Messaggero – azzurri – ricco – caramella – ecco – ricotta – vecchio – gregge – guazzabuglio – tagliatelle

A Roma!

A In treno

14 **E 1** **Che viaggio!** Was für eine Reise!

Ascolta il dialogo e metti le parti nell'ordine giusto. Höre den Dialog an und bringe die Teile in die richtige Reihenfolge.

numero _____
Simona:	E questi sono Yorkshire! Si chiamano Bonzo e Fifi. Questo è Bonzo e questa è Fifi.
Max:	Scusa, come si chiama il cane nero? È veramente carino!
Simona:	Questo? Si chiama Bonzo.

numero _____
Simona:	Parli bene italiano. Di dove sei?
Max:	Grazie per il complimento. Sono di Colonia. E voi, di dove siete?
Simona:	Che bella Colonia! Siamo di Venezia.
Sandro:	Solo tu sei di Venezia, io sono …
Simona:	… di Chiasso. Certo, tesoro.

numero _____
Sandro:	Ciao, permesso? Scusa!
Max:	Aspetta, ti aiuto.
Sandro:	Grazie mille.

numero _____
Sandro:	Sei tedesco, vero? Come ti chiami?
Max:	Io? Sì, sono tedesco. Mi chiamo Max. E voi, come vi chiamate?
Sandro:	Ci chiamiamo Sandro e Simona.

E 2 **Come ti chiami? Come vi chiamate?** Wie heißt du? Wie heißt ihr?

1. Improvvisa i dialoghi con il tuo partner/la tua partner. Spiele zusammen mit deinem Partner/deiner Partnerin die Dialoge.

Modello: – Ciao! Come ti ■? – ■, mi chiamo Rosa.

– Ciao, Rosa! Di ■? – ■ Napoli.

– E tu, come ti ■? – Mi chiamo ■ – ■ Dario.

– Ciao! Come vi ■?

Paola Bruscia (Firenze) – **A**
Tobia Sforza (Genova)

Franco Tredenari (Trieste) – **B**
Gaetana Spagnoli (Taormina)

Tommaso Saverio, Pasquale Rossi (Roma) – **C**
Giulia Lenticchini, Sara Brera (Lecce)

Anna Maria Caprini, Gennara Mandolesi (Napoli) – **D**
Luca Agnesi, Cesare Verdi (Bologna)

2. Andate dai compagni di classe e presentatevi. Geht zu euren Klassenkameraden und stellt euch gegenseitig vor.

15–16 **E3** **Ma chi incontra Max?** Aber wen trifft Max?

Trova le illustrazioni adatte al dialogo. Finde die passenden Bilder zum Dialog.

1. Abbina la bandiera alla persona e formula una frase. Verbinde die Flagge mit der Person und bilde einen Satz.

2. Scegli l'immagine giusta e descrivila. Wähle das richtige Bild aus und beschreibe es.

3. Inventa un dialogo in relazione alle illustrazioni "sbagliate". Erfinde einen Dialog, der zu den „falschen" Bildern passt.

E4 **Che cosa dicono?** Was sagen sie?

1. Inserisci le parole che mancano. Setze die fehlenden Wörter ein.

Max: Siete _____ Venezia? Allora _____ italiani?

Sandro: Lei _____ italiana, _____ _____ svizzero,
di Chiasso. Ma adesso abito _____ Italia, _____ Venezia.

Max: _____ svizzero? Allora parli _____ tedesco.

Sandro: _____, certo.

Simona: Anche perché la mamma e la nonna di Sandro _____ austriache.

Sandro: _____ una famiglia svizzero-austriaca.

Max: Due madrelingue! _____ bravo! Complimenti!

2. Luciano incontra Max in treno. Completa il dialogo con le parole della lista. Attenzione: c'è una parola in più. Luciano trifft Max im Zug. Vervollständige den Dialog mit den Wörtern aus der Liste. Achtung: Ein Wort ist dort zu viel.

> dov'   come (2x)   anche   sto   anch'   ecco   grazie

Simona: _____, Luciano. _____ è la coca?

Luciano: Ecco, la coca _____ per Sandro.

Luciano: _____ stai?

Max: Bene, _____.

Luciano: _____ io sto bene.

Max: Scusa, _____ ti chiami?

 E5 **Parli italiano? Sei italiana?** Sprichst du Italienisch? Bist du Italienerin?

Max parla con tanta gente, ecco alcune informazioni. Max spricht mit vielen Leuten, hier sind einige Informationen.

Nome:	Alessandra
Di:	Urbino
Adesso a:	Rimini
lingue:	italiano, tedesco

Nome:	Elif
Di:	Istanbul
Adesso a:	Milano
lingue:	turco, italiano

Nome:	Federico
Di:	Venezia
Adesso a:	Mantova
lingue:	italiano, tedesco, sloveno

Nome:	Ivan
Di:	Salisburgo (Salzburg)
Adesso a:	Siena
lingue:	tedesco, italiano, croato

Nome:	Maksi + Milena
Di:	Dortmund
Adesso a:	Genova
lingue:	tedesco, italiano, polacco, ceco

Nome:	Cristina + Elena
Di:	Barcelona
Adesso a:	Bergamo
lingue:	italiano, spagnolo, tedesco

- la Turchia: *Türkei*
- la Slovenia: *Slowenien*
- la Spagna: *Spanien*
- turco, -a: *türkisch*
- sloveno, -a: *slowenisch*
- croato, -a: *kroatisch*
- polacco, -a: *polnisch*
- ceco, -a: *tschechisch*
- spagnolo, -a: *spanisch*

 1. Improvvisa dei dialoghi con il tuo partner/la tua partner. Spiele die Dialoge zusammen mit deinem Partner/deiner Partnerin.

2. Inventa un dialogo tra te e il tuo partner con una delle persone presentate. Erfinde einen Dialog zwischen dir und deinem Partner mit einer der vorgestellten Personen.

Comincia così: Beginne folgendermaßen:
Questa/Questo è ■. Queste/Questi sono ■.

E 6 **E questo, che cos'è? E questi, che cosa sono?** Was ist das? Was sind diese?

Sale una signora con una bambina piccola, Lella. Lella comincia a guardare un libro illustrato e a fare tante domande. Che cosa risponde Max? Lavorate in coppia, fate delle domande e rispondete. Eine Frau steigt mit ihrer kleinen Tochter Lella ein. Lella beginnt ein Bilderbuch anzusehen und viele Fragen zu stellen. Was antwortet Max? Arbeitet zu zweit, stellt Fragen und antwortet.

- la strada: *Straße*
- la bicicletta: *Fahrrad*
- il gelato: *(Speise-)Eis*
- il gatto: *Katze*

un cane   una famiglia   una nonna   un nonno   una strada   una casa

una macchina   una bicicletta   un gelato   un gatto

Modello:
Lella: E questo? Che cos'è?
Max: Questo è un cane.
Lella: E queste? Che cosa sono?
Max: Queste sono due case.

17–18   **E7** **Chiacchiere** Plaudereien

Max ascolta tre passeggeri in un altro scompartimento che parlano italiano.
Anche se non capisce tutto, comprende le informazioni più importanti. Ascolta
il seguente brano per completare la tabella. Max hört drei Zuggästen in einem
anderen Abteil zu, die sich auf Italienisch unterhalten. Er versteht zwar nicht alles,
aber die wichtigsten Informationen bekommt er mit. Hör dir den Gesprächsauszug
an, um die Tabelle zu vervollständigen.

Informazioni	👧	♂	♀
Si chiamano ■	*Franca Rubini*		
Sono di ■			
Hanno ■ anni			
Parlano ■			

    E8 **La gara delle frasi** Wer kann die meisten Sätze bilden?

Che cosa sai già di Sandro, Simona, Max e Luciano? Forma delle frasi e presentale in
classe. Chi trova più frasi vince. Was weißt du schon über Sandro, Simona, Max und
Luciano? Bilde Sätze und lies sie der Klasse vor. Wer die meisten Sätze findet, gewinnt.

Sandro e Simona	aspettare
Sandro	abitare
Simona	essere
Gli Yorkshire	cercare
Max	parlare
Luciano	avere
Io	chiamarsi
■ e io	aiutare
■ e ■	continuare
Tu	pagare
Voi	studiare

✐   **E9** **Presentiamo i ragazzi del treno.** Wir stellen die Jugendlichen aus dem Zug vor.

interessante (3x)   famoso   tedesco   carino   grande

italiano   svizzero   nero

Max è _____. Simona è _____, ma Sandro è _____.

Gli Yorkshire Bonzo e Fifi sono _____. Bonzo, il cane, e la borsa di Simona

sono _____. La borsa è anche _____. Per Sandro la matematica

è _____, ma anche le lingue sono _____. Sandro e Simona

sono di Venezia. Venezia è _____ e _____.

B Max e la famiglia Schiatti

E1 **Tante domande già all'arrivo!** So viele Fragen schon bei der Ankunft!

Ma anche Max fa delle domande. Che cosa domanda? Auch Max stellt viele Fragen.
Was fragt er?

Max: _____ ?

Anna Maria: No, Paolo ed io non parliamo tedesco.

Max: _____ ?

Anna Maria: Sì, parliamo inglese.

Max: _____ ?

Anna Maria: No, non parliamo in inglese. Siamo in Italia, allora parliamo in italiano.

Max: _____ ?

Anna Maria: Sì, ci chiamiamo Schiatti, ma io mi chiamo Bianchi.

Max: _____ ?

Anna Maria: Sì, sto bene.

Max: _____ ?

Anna Maria: Sì, abbiamo un cane.

Max: _____ ?

Anna Maria: Sì, è carino.

E2 **Roma non è Colonia.** Rom ist nicht Köln.

Carlotta e Giuliano sono curiosi e fanno molte domande. Rispondete con frasi intere.
Carlotta und Giuliano sind neugierig und stellen viele Fragen. Antwortet in ganzen Sätzen.

Carlotta: Hai molti amici a Colonia?

Max: Sì, _____

_____ .

Giuliano: Frequentano tutti il liceo?

Max: No, _____

_____ .

Carlotta: Parlano tutti italiano?

Max: No, _____.

Carlotta: Siete tutti tedeschi?

Max: No, _____.

Giuliano: E le amiche di Colonia? Sono carine?

Max: Sì, _____.

Carlotta: E sono anche tutte belle?

Max: No, _____.

Giuliano: Abitano tutti a Colonia?

Max: No, _____.

E3 **Che bravo Angelo!** Angelo ist sehr tüchtig!

Angelo è molto bravo a vendere e chiede a tutti, ma proprio a tutti, se vogliono comprare le sue t-shirt. Completate il suo discorso. Angelo ist im Verkauf sehr tüchtig und fragt alle, aber wirklich alle, ob sie seine T-Shirts kaufen wollen. Vervollständigt sein Angebot.

"Mi chiamo Angelo, signori! Piacere! In quanti siete? Siete in _____?

Ecco, signori, _____ t-shirt e una t-shirt è gratis."

E 4 **La maglietta di Angelo** Angelos T-Shirt

1. Abbina le parole della lista alle emoticon. Verbinde die Wörter aus der Liste mit den Emoticons.

cool

bene

male

così così

innamorato

normale

aggressivo

triste

stanco

felice

fantastico

2. Domanda a tre compagni come stanno. Frage drei Klassenkameraden, wie es ihnen geht.

• oggi: *heute*

Modello: – Come ■? – Sto ■. Oggi sono ■.

 E 5 **Caos nella testa!** Chaos im Kopf!

1. Max è così stanco che non riesce più a comprendere i discorsi intorno a sé. Trova i sostantivi e aggiungi l'articolo giusto. Max ist so müde, dass er die Gespräche um sich herum nicht mehr richtig wahrnimmt. Finde die Substantive und ergänze den richtigen Artikel.

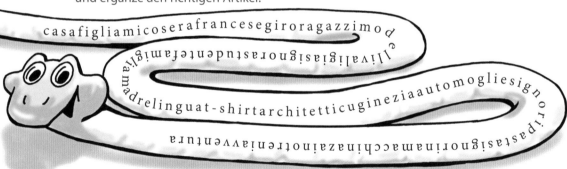

2. Metti le forme del singolare al plurale e le forme del plurale al singolare. Setze die Singularformen in den Plural und die Pluralformen in den Singular.

3. Metti la forma giusta di **tutto** dove possibile. Setze die korrekte Form von **tutto** ein, wo dies möglich ist.

 E 6 **Vicini particolari: i Poletti!** Besondere Nachbarn: die Polettis!

1. Ecco l'albero genealogico della famiglia Poletti, i vicini più cari agli Schiatti. Completate il dialogo tra Max e Carlotta. Hier seht ihr den Stammbaum der Familie Poletti, den nettesten Nachbarn der Schiattis. Vervollständigt den Dialog zwischen Max und Carlotta.

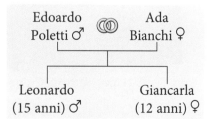

Max: Il papà di Leonardo si chiama Luigi, vero?

Carlotta: _____, _____ Luigi, _____ Edoardo.

Max: E la _____ di Leonardo _____ Poletti, vero?

Carlotta: Vero. È _____.

Max: Leonardo ha un _____ maggiore, vero?

Carlotta: No, _____, ma ha una

          sorella minore, _____ Giancarla.

2. Scrivi su un cartellino
   a. un'informazione sulla tua famiglia (per esempio "Ho un fratello/una sorella
      maggiore/minore. Si chiama ▪"),
   b. un'informazione su dove abiti e cosa (non) ami mangiare e
   c. un'informazione sugli amici, per esempio "Ho un amico/un'amica. Si chiama ▪.").
      Poi lo dai alla professoressa/al professore che ti dà un altro cartellino. Vai in giro
      per la classe e cerca la persona che corrisponde al cartellino e fai a lei questo
      tipo di domande "Hai un fratello?", "Ami ▪?".
   Schreibe auf ein Kärtchen
   a. eine Information über deine Familie,
   b. eine Information darüber, wo du wohnst und welches Essen du (nicht) liebst und
   c. eine Information über deine Freunde.
   Gib deine Karte dann der Lehrerin/dem Lehrer und nimm dafür eine andere.
   Geh in der Klasse herum und finde die Person, deren Karte du hast durch Fragen
   wie „Hast du einen Bruder?", „Magst du ▪?".

   E 7   **Gli identikit di Laura e Carlotta**   Die Steckbriefe von Laura und Carlotta

Una volta a casa Carlotta chiama Laura e racconta all'amica di Max. Le due
amiche decidono di registrarsi su Facebook per leggere il suo profilo, ma hanno
problemi tecnici. Metti le informazioni al posto giusto. Zuhause ruft Carlotta
Laura an und erzählt ihrer Freundin von Max. Die beiden Freundinnen beschließen,
sich bei Facebook anzumelden, um sein Profil zu lesen, haben aber technische
Probleme. Finde die richtigen Stellen für die folgenden Informationen.

E8 **L'identikit di Max** Max' Steckbrief

Carlotta e Laura sono curiosissime: leggono subito il profilo di "Max Coolonia".
Adesso ne parlano al telefono. Fate il dialogo. Carlotta und Laura sind extrem
neugierig: Sie lesen gleich das Profil von "Max Coolonia". Jetzt sprechen sie am
Telefon darüber. Führt einen Dialog.

cinema
la TV
la radio
il basket/lo streetball
fare snowboard
il nuoto
il computer

il calcio
il trekking
lo yoga
l'hamburger
la musica classica
il fast food

- il nuoto: *Schwimmen*
- il calcio: *Fußball*
- la musica classica: *klassische Musik*
- incredibile: *unglaublich*
- pazzesco: *absurd, verrückt*
- assurdo: *absurd, unsinnig*
- accidenti: *Donnerwetter!*
- caspita: *Donnerwetter!*
- Cavolo: *Donnerwetter! Mensch!*

Comincia così: Beginne folgendermaßen:
Carlotta: Ecco il profilo di Max. Incredibile, non ■
Laura: Ma guarda qui, ■

Continua.

*pazzesco, assurdo, accidenti,
caspita, cavolo*

ama   non ama

E9 **Gli identikit di alcuni VIP** Die Steckbriefe einiger VIPs

1. Poi le ragazze cercano gli identikit di alcuni VIP. Che cosa trovano? Scrivi gli identikit dei seguenti VIP. Danach suchen die Mädchen nach Steckbriefen einiger VIPs. Schreibe die Steckbriefe der folgenden VIPs.

Modello:

- Pavia: *Pavia*
- cognome: *Familienname, Nachname*
- data di nascita: *Geburtsdatum*
- città natale: *Geburtsort*
- città attuale: *aktueller Wohnsitz*
- scuola: *Schule*
- cantautore: *Liedermacher*
- scrittore: *Schriftsteller*
- sceneggiatore: *Drehbuchautor*
- regista: *Regisseur*
- sindaco: *Bürgermeister*
- giornalista: *Journalist*
- fotomodella: *Fotomodell*
- presentatrice: *Moderatorin*
- olandese: *niederländisch*
- cantautrice: *Liedermacherin*
- portoghese: *portugiesisch*
- spagnolo, -a: *spanisch*

Max Pezzali Pavia. Pavia. Cantautore, scrittore. 	*Mi chiamo Massimo Pezzali.* *Sono di Pavia.* *Abito a Pavia.* *Sono cantautore e scrittore.* *Sono italiano.* *Parlo italiano e inglese. Non parlo tedesco.*

1. Federico Moccia, Roma, Rosello, scrittore, sceneggiatore, regista, sindaco,

2. Roberto Saviano, Napoli, ~~Roma~~, giornalista, scrittore,

3. Michelle Hunziker, Sorengo, Roma, fotomodella/presentatrice,

4. Laura Pausini, Faenza, Bologna, cantautrice,

2. Quale foto fa vedere quale VIP? Abbina. Welches Foto zeigt welchen VIP? Ordne zu.

3. Pensa a un personaggio famoso. Sono i tuoi compagni a doverlo indovinare! Prepara le risposte alle domande che ti potrebbero fare. Denke an eine berühmte Persönlichkeit. Deine Klassenkameraden müssen sie erraten! Bereite die Antworten auf die Fragen vor, die sie stellen könnten.

A casa e in giro

A A casa di Giuliano

+ p. 71

E1 **E Carlotta, che pensa?** Und woran denkt Carlotta?

Carlotta scrive subito nel suo diario. Completa il testo con la forma corretta dei verbi.
Carlotta schreibt gleich in ihr Tagebuch. Ergänze den Text mit den entsprechenden
Verbformen.

arrivare   chiamarsi   domandare   essere

esserci   giocare   guardare   pensare

_____ a casa, e Max _____ subito il

computer di Giuliano. _____ un computer nuovo e sotto

la scrivania _____ molti giochi. I giochi preferiti di Giuliano

_____ *Canis Canem edit* e *Calcio Hero*. Certo, Giuliano

_____ subito a Max: "_____?"

E allora i ragazzi _____ solo a giocare a questi giochi.

 E2 **Di chi sono le cose?** Wem gehören die Sachen? Partner **A**

Sei il partner **B**? Vai a pagina 71.

• il libro: *Buch*
• lo stereo: *Stereoanlage*

Ma che caos nella camera di Carlotta! Lavorate in due. Guardate le immagini e
formulate a vicenda domande e risposte. Arbeite mit deinem Partner. Schaut die
Bilder an. Der eine stellt eine Frage, der andere antwortet, dann wird gewechselt.

Modello:
A: Di chi è la valigia?
B: La valigia è di … .
B: Di chi sono i giochi?
A: I giochi sono di … .

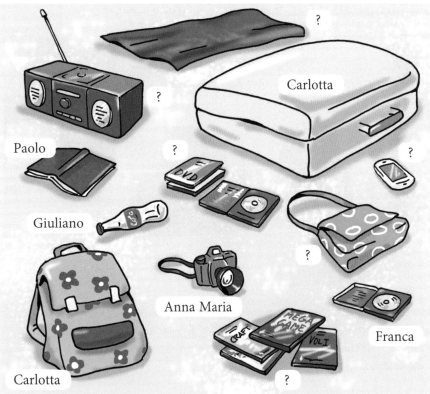

+ *p. 72*   **E 3** **L'appartamento della famiglia Schiatti** Die Wohnung der Familie Schiatti

Carlotta parla dell'appartamento. Completa con l'aggettivo possessivo corretto. Carlotta spricht über die Wohnung. Vervollständige den Text mit dem richtigen Possessivadjektiv.

Amo molto _____ appartamento. È grande e bello! Anche

_____ camera è bella: ci sono _____

libri, _____ riviste e _____ CD. Poi c'è la camera

di Giuliano. Lui ha molto spazio per _____ cose: soprattutto

_____ giochi! Anche _____ genitori hanno

una bella camera da letto con _____ letto e _____

due armadi. È veramente un appartamento molto bello!

• lo spazio: *Platz*
• soprattutto: *vor allem*

E4   **Casa, dolce casa!**   Geliebtes Zuhause!

Max porta una foto di casa sua a Colonia e comincia a parlare con Anna Maria.
Completa il testo con l'articolo determinativo o indeterminativo. Max bringt
ein Foto von seinem Zuhause in Köln und fängt an, mit Anna Maria zu sprechen.
Setze den bestimmten oder unbestimmten Artikel ein.

Anna Maria: Ma la camera tua dov'è? Ah, ecco. Qui per esempio vedo _____

• per terra: *am Boden*   zaino per terra.

Max: È _____ zaino di Thomas. Thomas è _____ vicino.

Anna Maria: Ah, _____ zaini sono in tutti _____ appartamenti. E di chi sono

tutti _____ CD?

Max: _____ CD sono di Luna.

Anna Maria: Chi è Luna?

Max: È _____ amica.

Anna Maria: E qui c'è _____ rivista, anzi due.

Max: Anche _____ riviste sono di Luna.

Anna Maria: E qui vedo _____ piatto enorme.

Max: Sì, è _____ piatto di Karl, _____ zio, come anche _____

mio stereo.

Anna Maria: Anche Giuliano ha _____ stereo così.

Max: Sì, ma _____ stereo di Giuliano è nuovo.

• tanti/tante: *so viele*   Anna Maria: E tanti libri!

Max: Sì, sono _____ libri di tutti noi.

Anna Maria: Che bello! Amo molto i libri.

19–20   E5   **Che cosa piace a Anna Maria e a Carlotta?**   Was mögen Anna Maria und Carlotta?

1. Max vuole sapere che cosa piace a Anna Maria e a Carlotta. Completa la tabella
con le loro risposte. Max möchte wissen, was Anna Maria und Max mögen.
Vervollständige die Tabelle mit ihren Antworten.

	piace/piacciono	non piace/non piacciono
A Anna Maria	_____	_____
	_____	_____
	_____	_____
A Carlotta	_____	_____
	_____	_____
	_____	_____

2. Com'è? Come sono? Wie ist das? Wie sind sie?

Per dire com'è una bevanda o un cibo puoi servirti di tanti aggettivi. Trovali e abbina gli aggettivi trovati al loro significato in tedesco. Um auszudrücken, wie ein Getränk oder ein Essen ist, kannst du viele Adjektive verwenden. Finde sie und ordne die gefundenen Adjektive ihrer deutschen Bedeutung zu.

sprudelnd	gut	weiß	schwarz
_____	_____	_____	_____

kostenlos	englisch	deutsch	lang
_____	_____	_____	_____

groß	wichtig	bevorzugt	perfekt
_____	_____	_____	_____

natürlich	sauber	italienisch	römisch
_____	_____	_____	_____

neu	fantastisch	rot	französisch
_____	_____	_____	_____

normal	teuer	interessant	zu viel
_____	_____	_____	_____

berühmt	österreichisch	schön	klein
_____	_____	_____	_____

N	U	O	V	O	X	B	K	E	A	M	P	H	B	R	M	I	O	S	D	A
A	W	R	E	T	I	J	I	D	C	Z	U	S	G	R	A	N	D	E	L	R
T	N	K	C	R	T	P	V	A	P	O	L	J	G	R	A	T	I	S	P	Z
U	C	Q	D	O	A	R	N	C	N	P	I	W	R	V	Y	E	T	A	I	F
R	J	A	Q	P	L	E	V	U	R	C	T	W	V	O	V	R	C	U	O	L
A	T	J	R	P	I	F	B	U	O	N	O	V	H	U	S	E	H	S	C	P
L	U	N	G	O	A	E	E	I	M	W	Q	E	G	B	D	S	N	T	C	I
E	F	H	L	D	N	R	L	N	A	K	J	F	A	M	O	S	O	R	O	C
J	Y	F	P	M	O	I	L	I	N	G	L	E	S	E	Z	A	R	I	L	C
P	E	R	F	E	T	T	O	T	O	S	Q	K	S	G	P	N	M	A	R	O
T	E	D	E	S	C	O	G	T	X	N	K	F	A	W	H	T	A	C	P	L
V	Z	J	H	P	I	M	P	O	R	T	A	N	T	E	C	E	L	O	Z	O
Q	W	K	Y	F	A	N	T	A	S	T	I	C	O	M	K	N	E	R	O	W
P	G	F	R	A	N	C	E	S	E	J	C	L	Y	V	D	M	Q	J	K	N

E6 **Grande quiz: a tavola in Italia** Großes Quiz: Zu Tisch in Italien

1. Max ha trovato un quiz in internet. C'è anche un articolo che spiega come mangiano gli italiani. Leggi l'articolo: Quali risposte sono giuste? Max hat ein Quiz im Internet gefunden. Es steht auch ein Artikel dabei, der ihm erklärt, wie die Italiener essen. Lies den Artikel: Welche Antworten sind richtig?

A tavola in Italia!
Come mangiano gli italiani?

Grande Quiz

* vincere: *gewinnen*
* la festa: *Feier, Fest, Party*

Vinci una festa all'italiana con tutti i tuoi amici!

Domanda 1
Che cosa c'è prima? Che cosa c'è dopo?

N° _____ pranzo   N° _____ colazione

N° _____ cena   N° _____ merenda

Domanda 2
Che cosa fa vedere quest'immagine?

Una _____.

Domanda 3

Gli italiani fanno spesso colazione al _____.

Bevono un

_____

o un _____ e mangiano un _____ o un _____.

A casa molti italiani mangiano i _____ per colazione.

Domanda 4

Che cosa vedi?

Domanda 5

Il menù italiano. Che cosa mangi prima?

- il dolce: *Dessert; Süßigkeit*

N° _____ dolce

N° _____ caffè

N° _____ secondo piatto

N° _____ antipasto

N° _____ frutta

N° _____ primo piatto

N° _____ formaggio

[1] il biscotto: *Keks*
[2] il cornetto: *Hörnchen*
[3] il bombolone: *Krapfen*
[4] il pranzo: *Mittagessen*
[5] il primo (piatto): *der erste Gang*
[6] il minestrone: *Gemüsesuppe*
[7] l'insalata: *Salat*
[8] il pomeriggio: *nachmittags/ am Nachmittag*
[9] la merenda: *Zwischenmahlzeit*
[10] la merendina: *abgepackter süßer Snack (oft eine Art Minikuchen)*
[11] comprendere: *beinhalten*
[12] il piatto unico: *Tellergericht*
[13] freddo: *kalt*
[14] i contorni: *Beilagen*
[15] le patate fritte: *Pommes frites*
[16] il vino bianco/rosso: *Weiß-/Rotwein*
[17] la birra: *Bier*

A tavola!

Come mangiano gli italiani?

Per colazione gli italiani mangiano poco. A casa bevono spesso solo un caffè o un caffellatte e mangiano biscotti[1]. Prima di andare al lavoro molti italiani bevono un caffè, un cappuccino o un latte macchiato in un bar e mangiano un cornetto[2] o un bombolone[3].

A pranzo[4] gli italiani di solito mangiano un primo[5] – per esempio pasta, risotto o minestrone[6] – e un secondo – carne o pesce con verdura o insalata[7]. Ma spesso mangiano solo un panino con prosciutto o formaggio o un'insalata.

Il pomeriggio[8] quasi tutti i bambini italiani fanno merenda[9]. Spesso la merenda è uno yogurt o un po' di frutta o una merendina[10].

La cena è molto importante per gli italiani. In generale non mangiano prima delle ore 20:00. Normalmente la cena comprende[11] un primo e un secondo piatto, ma alcuni italiani mangiano solo un piatto unico[12], per esempio la pizza, la carne o il pesce con l'insalata. Anche il piatto freddo[13] con pane, prosciutto o formaggio piace agli italiani.

Il menù classico in Italia comprende l'antipasto, il primo, il secondo con contorni[14] (per esempio patate fritte[15] e verdura), il formaggio, il dolce, la frutta e il caffè.

Gli italiani non amano l'acqua minerale gassata: quasi tutti bevono l'acqua minerale naturale. Anche il vino bianco e il vino rosso[16] piace agli italiani. E con la pizza? La coca o la birra[17].

2. E che cosa mangiano e bevono i tedeschi? Con l'aiuto di un dizionario, spiega che cosa mangi e bevi tu per colazione, per pranzo e per cena. Und was essen und trinken die Deutschen? Erkläre mit Hilfe eines Wörterbuches, was du zum Frühstück, zum Mittagessen und zum Abendessen isst und trinkst.

Modello: Per colazione io mangio pane con burro e formaggio. Bevo un tè.

B In giro con Giuliano

E1 **Chi dà che cosa a chi?** Wer gibt wem was?

Forma delle frasi con la forma giusta di **dare**. Attenzione alla sintassi! Bilde Sätze mit der richtigen Form von **dare**. Achte auf die Satzstruktur!

Modello:
- <u>Mi</u> dai …?

- <u>Ti</u> do …
- Fabrizio dà il suo nick <u>a</u> Max.

Chi?		Che cosa?		A chi?
Fabrizio		il nostro indirizzo		Max.
Io		il suo nuovo gioco		Fabrizio.
Fabrizio e Simone	dare	i vostri DVD	a	Giuliano.
Noi		un bacio		Loredana.
Loredana		il mio indirizzo e-mail		Carlotta.
Voi		il tuo nickname		Paola.
Tu		il loro libro d'inglese		Simone.

- il bacio: *Kuss*
- l'indirizzo: *Adresse*

E2 **E chi sono i tuoi amici, Max?** Und wer sind deine Freunde?

Anche Giuliano vuole sapere tante cose da Max. Metti in ordine le frasi del loro dialogo, usando la forma corretta dei verbi. Auch Giuliano möchte viel von Max wissen. Bringe die Sätze ihres Dialogs in die richtige Reihenfolge und benutze die richtigen Verbformen.

Modello: bene ■ stare ■ con ■ i tuoi amici ■?
　　　　　Stai bene con i tuoi amici?

Giuliano: e anche tu, Max ■ molto sport ■? ■ fare ■

_____

Max: 　 molto sport ■ fare ■ sì

_____

Giuliano: fare ■ che cosa ■ tu e i tuoi amici tedeschi ■ ?

_____

Max: 　 Lukas, Christian ed io ■ spesso ■ fare ■ in centro ■ un giro ■ o ■ al cinema ■ andare

_____

Giuliano: stare ■ insieme ■ bene ■?

_____

Max: 　 molto ■ con loro ■ stare ■ bene

_____

Giuliano: amici ■ i tuoi ■ sapere ■ l'italiano ■ parlare ■?

_____

Max: 　 Lukas ed io ■ parlare ■ sapere ■ l'italiano ■ perché ■ studiare ■ tre lingue

_____

Giuliano: ma perché ■ non arrivare ■ i ragazzi ■? ■ Scusa ■ mi dare ■ il tuo cellulare ■?

Max: ti dare ■ certo ■ il mio cellulare ■

E3 **Un incontro con Carlotta** Eine Begegnung mit Carlotta

Tu incontri Carlotta e lei ti chiede tante cose. Che cosa rispondi?
Du triffst Carlotta und sie fragt dich ganz viele Dinge. Was antwortest du?

Ma tu, sei nuovo/a, vero?

Dove abiti?

Come si chiama la tua scuola?

Che cosa fai nel tuo tempo libero?

Mi dai il tuo numero di cellulare?

---

21 **E4** **Tra amici** Unter Freunden

Max sente una conversazione tra due ragazzi in piazza. Ascolta il dialogo e metti una crocetta (×) accanto alle affermazioni corrette. Max hört ein Gespräch zweier Jugendlicher. Höre den Dialog an und kreuze die richtigen Aussagen an (×).

☐ I ragazzi si chiamano Stefano e Giorgio.

☐ I ragazzi si chiamano Stefano e Franco.

☐ La scuola comincia domani.

☐ Il cinema piace a Stefano e Franco.

☐ Il cinema piace solo a Stefano.

☐ I videogiochi piacciono solo a Franco.

☐ A Stefano non piace il gelato.

☐ I ragazzi vanno nella gelateria "Giolitti" perché amano il gelato.

E5 **Giochiamo a tris** Spielen wir tic-tac-toe

Giocate in due e scegliete un simbolo: x/o. Uno comincia, sceglie una domanda o una risposta dalla lista e cerca la casella corrispondente. Se la frase è corretta conquista la casella e scrive il suo simbolo. Poi tocca al compagno. Vince chi ha conquistato tre caselle in una fila. Spielt zu zweit und wählt ein Symbol. Einer beginnt, wählt eine Frage oder Antwort aus der Liste und sucht das dazu passende Feld. Stimmt der Satz, erobert er das Feld und schreibt sein Symbol hinein. Dann ist der Mitspieler dran. Gewinner ist, wer drei Felder in einer Reihe hat.

Come ti chiami? – 13 anni. – Di dove sei? – Come stai? – No, sono Max. – Come si chiama la tua amica? – Sì, mi piacciono molto. – Quali lingue parli? – Sì, e amo anche la pasta. – Hai fame? – No, io mi chiamo Laura. – Ti piace Roma?

Ti piacciono i videogiochi?	Di Colonia.	Sto bene.
Mi chiamo Max.	Sei Giuliano, vero?	Si chiama Luisa.
L'inglese e l'italiano.	Quanti anni hai?	Ami la pizza?
Ti chiami Francesca?	Sì, ho fame.	Sì, è molto bella.

A scuola!

Ingresso

E 1 **L'orario di scuola di Giuliano** Die Stundenaufteilung von Giuliano

Ecco l'orario di Giuliano, Simone e Fabrizio.
Paragonalo con il tuo. Usa il dizionario
per le parole che non conosci. Hier ist
der Unterrichtsplan von Giuliano, Simone
und Fabrizio. Vergleiche ihn mit deiner Stundentafel
und benutze das Wörterbuch für die Wörter, die du
nicht kennst.

Modello: Giuliano, Simone e Fabrizio hanno
un'ora di religione …
… io invece ho due ore di religione.
… anch'io ho un'ora di religione.
… io invece non ho ore di religione (quest'anno).

• totale ore
settimanali:
*Gesamtanzahl
Wochenstunden*
• invece: *hingegen*

Materia	lezioni
Religione	1
Italiano	4
Latino	3
Inglese	3
Storia e Geografia	3
Matematica	5
Fisica	2
Scienze nat., Chimica	2
Disegno e Storia dell'arte	2
Educazione fisica	2
Totale ore settimanali	**27**

A Andiamo a scuola!

 22–23 **E 1** **Giuliano e Max vanno a scuola.** Giuliano und Max fahren zur Schule.

Ascolta, metti in ordine il dialogo e poi inserisci le parole che mancano. Höre zu,
bringe den Dialog in die richtige Reihenfolge und setze dann die fehlenden Wörter ein.

numero _____ Giuliano: Ecco, questa è la nostra _____! Scendiamo qui.

Max: E andiamo a scuola.

Giuliano: Sì, ma prima andiamo al _____.

Vediamo se ti piace.

numero _____ Il signor Rossi: Ecco! Tre euro, grazie. Prendete _____

Focus Junior. È di oggi! Leggere fa _____

intelligenti, sai!

Giuliano: Certo, ma noi siamo già intelligenti, non vede? E adesso corriamo

a _____ il bus. Ci vediamo dopo la scuola?

Arrivederci!

Il signor Rossi: Ciao! E saluta tua _____ e tuo padre!

Giuliano: Certo, come no.

numero _____ Giuliano: Ecco l'edicola dove compriamo sempre i _____

per l'autobus. Buongiorno signor Rossi!

Il signor Rossi: Salve Giuliano! Tua sorella _____ non c'è?

Giuliano: No, è in ritardo. Due biglietti, per _____ .

numero _____ Max: Sì, e vedo anche che è tutto pieno! È lontana la scuola?

Giuliano: No, non è _____ . Sono solo nove fermate in autobus.

Su, saliamo! Mi piace questa linea perché passiamo per la Piramide,

il Circo Massimo e il Colosseo. Niente male, eh? Così vedi già tre

_____ famosi di Roma. Conosci il Colosseo?

Max: Ma certo! È molto famoso! Tutti conoscono il Colosseo! È …

numero _____ Max: Non facciamo l'abbonamento?

Giuliano: Sì, certo, dopo la scuola con _____ . Ecco i biglietti.

Questo è tuo. Ecco il _____ autobus, vedi?

🖊 E2   **Per ingannare il tempo** Zum Zeitvertreib

Max sente tante parole e vede tante cose. Adesso cerca di metterle in ordine. Aiutalo! Decidi quali espressioni si riferiscono 1. a Roma e 2. al viaggiare. Poi fai un acrostico con le parole 1. "Cicerone" e 2. "stazione". Ma attenzione: ci sono due parole in più! Max hört viele Wörter und sieht viele Sachen. Jetzt versucht er, Ordnung zu schaffen. Hilf ihm! Entscheide, welche Ausdrücke sich 1. auf Rom und 2. auf das Reisen beziehen. Erstelle dann ein Akrostichon mit den Wörtern 1. „Cicerone" und 2. „Bahnhof". Aber Achtung: Es sind zwei Wörter zu viel angegeben!

• cicerone: *Fremdenführer*

• il rione: *römisches Stadtviertel*

Esquilino	Nostalgia	Ostia	Scuola	Interrail	Organizzazione
Nomentana	Avventura	Energia	Circo Massimo	Saluto	Isola Tiberina
Tornare	Edicola	Rione	Cappella Sistina	EUR	Zaino

C _____   S _____

I _____   T _____

C _____   A _____

E _____   Z _____

R _____   I *Interrail* _____

O *Ostia* _____   O _____

N _____   N _____

E _____   E _____

E 3 **Il primo contatto con la scuola** Der erste Kontakt mit der Schule

Leggi il dialogo A2 e poi decidi se le seguenti affermazioni sono vere o false. Correggi gli errori. Lies den Dialog A2 und entscheide dann, ob die folgenden Aussagen wahr sind oder falsch. Wenn sie falsch sind, verbessere die Fehler.

	vero	falso
1. Max sta molto bene.	☐	☐
2. Anche Simone sta molto bene.	☐	☐
3. Simone preferisce i fine settimana e le ferie.	☐	☐
4. Simone preferisce studiare la mattina.	☐	☐
5. Fabrizio soffre quando c'è scuola.	☐	☐
6. Simone spegne il telefonino solo all'ultimo minuto.	☐	☐
7. Tutti gli studenti capiscono perché la scuola comincia così presto la mattina.	☐	☐
8. Giuliano domanda a Max "Che cosa prendi, Max?".	☐	☐
9. Giuliano prende solo un cappuccino.	☐	☐
10. I cornetti sono ottimi.	☐	☐
11. Simone preferisce un caffè, Fabrizio beve una coca.	☐	☐
12. Max prende solo un caffellatte.	☐	☐

13. Sandro prepara per Max, Giuliano, Simone e Fabrizio:

caffè	cappuccino	caffellatte	tè	coca	cornetto	crostatina
_____ x	_____ x	_____ x	_____ x	_____ x	_____ x	_____ x

E 4 **Sandro, barista per passione!** Sandro, Barista aus Leidenschaft!

Sandro comincia subito a parlare con Max. Aggiungi le desinenze giuste dei sostantivi e degli aggettivi. Sandro fängt gleich ein Gespräch mit Max an. Ergänze die richtigen Endungen der Substantive und Adjektive.

Allora sei tedesc____? A Roma ci sono molt____ tedesc____! E molt____

ingles____ e american____. Bevono il t____ per colazione, e il cappuccin____.

Noi barist____ non parliamo tedesc____. Parliamo ingles____ con i turist____.

Parliamo di Roma e anche di altre citt____, come Firenze, Bologna o Venezia.

È interessant____ parlare con i turist____! Arrivano qui in tram o in bus

o anche in metropolitan____ per il Colosseo e poi sono qui da noi per la

colazion____. Ma colazion____ grand____! Bevono due cappuccin____, due t____,

o anche tre caff____ e mangiano due cornett____ o crostatin____. E tu, che prendi?

24–26 **E5** **Intervista a Sandro, il barista** Sandro im Interview

Un giornalista tedesco intervista Sandro, il barista, per una stazione radiofonica.
Che cosa dice Sandro? Metti una crocetta (×) o completa con le informazioni mancanti.
Ein deutscher Journalist interviewt Sandro, den Barista, für einen Radiosender.
Was sagt Sandro? Kreuze an oder ergänze die fehlenden Informationen.

	vero	falso	l'info manca
1. La gente chiama il barista solo "Pecorelli".	☐	☐	☐
2. A Sandro non piace il suo lavoro.	☐	☐	☐
3. Sandro è sempre stressato.	☐	☐	☐
4. A Sandro non piace questa scuola.	☐	☐	☐
5. I prof hanno poco tempo per bere un caffè.	☐	☐	☐
6. I ragazzi hanno poco tempo per fare colazione.	☐	☐	☐
7. A Sandro piace fare due chiacchiere.	☐	☐	☐

• stressato, -a: *gestresst*

Di che cosa parla Sandro con i ragazzi?

_____, _____, _____

La colazione al bar di Sandro:

	bevono	mangiano
i ragazzi		
i bidelli e i prof italiani		
i prof tedeschi		
i prof inglesi		

Sandro dice che con _____ non parla italiano, i prof _____

sono simpatici. Conoscono bene _____, fanno _____ prima e

mangiano e bevono _____.

E6 **Fantasia, ragazzi!** Fantasie, Leute!

Le lingue si imparano meglio con la creatività! Crea immagini "parlanti" per memorizzare
meglio i seguenti verbi. Confronta poi le tue idee con quelle dei tuoi compagni di classe.
Sprachen lernt man besser mit Kreativität! Gestalte „sprechende Bilder", um die folgenden
Verben besser zu behalten und vergleiche dann deine Ideen mit deinen Klassenkameraden.

Modello:

s
e o
r f
i r f

preferire   dormire   offrire   finire

E7 **(Quasi) tutto su di te e internet!** (Fast) alles über dich und das Internet!

1. Giuliano ed i suoi amici navigano tantissimo in internet. E tu? Lavorate in due: riempite la tabella. Poi fatevi domande e paragonate le vostre risposte. Giuliano und seine Freunde sind sehr oft im Netz. Und du? Arbeitet zu zweit: Füllt die Tabelle aus. Danach stellt ihr euch Fragen und vergleicht eure Antworten.

Modello: – Leggi facebook durante le lezioni?
– Sì, sempre./Sì, spesso./Sì, qualche volta./No, mai.

	sempre	spesso	qualche volta	mai
(studiare) con i compagni di classe via internet?				
(essere) in un forum?				
(mandare) SMS ad amici?				
(scrivere) un blog?				
(leggere) un blog?				
(parlare) di fb con i compagni durante la pausa?				
(andare) in internet quando (prendere) l'autobus?				

2. Ma non c'è solo internet. Che cosa (non) ti piace fare nelle seguenti situazioni? Scegli tre frasi e completale! Poi fai un giro in classe e domanda: chi ha scelto le stesse frasi? Es gibt nicht nur das Internet. Was hast du (nicht) gerne in den folgenden Situationen? Wähle drei der folgenden Sätze aus und vervollständige sie! Gehe dann in der Klasse herum und frage: Wer hat die gleichen Sätze?

Quando sono solo/sola mi piace _____.

Quando sono ad una festa preferisco _____.

Quando sono in autobus amo _____.

Quando dormo non mi piace _____.

Quando offro qualcosa ad un amico non mi piace _____.

Quando non capisco mi piace _____.

 E8 **Dadi e verbi? Che combinazione!** Würfel und Verben? Was für eine Kombination!

Giocate in due: fate un elenco di tutti i verbi (all'infinito) che conoscete e prendete i dadi. Coniugate i verbi in base al numero che esce dal tiro del dado: 1 (io), 2 (tu), 3 (lui/lei), 4 (noi), 5 (voi), 6 (loro) Spielt zu zweit: Erstellt eine Liste mit allen Verben (im Infinitiv), die ihr kennt und nehmt einen Würfel. Bildet dann die konjugierte Form, die der gewürfelten Zahl entspricht: 1 (io), 2 (tu), 3 (lui/lei), 4 (noi), 5 (voi), 6 (loro).

+ *p. 73* **E 9** **E dopo la scuola? Subito al forum!** Und nach der Schule? Gleich ins Forum!

1. Al forum ci sono due nuovi studenti: si chiamano George Smith e Swantje Battes.
Completa le loro presentazioni con i verbi **essere, avere, piacere, bere, uscire.**
Im Forum sind zwei neue Schüler: Sie heißen George Smith und Swantje Battes.
Ergänze ihre Vorstellungen mit den Verben **essere**, **avere**, **piacere**, **bere**, **uscire**.

☒

_____ 14 anni e _____ inglese. Mi _____

giocare e stare con gli amici. Mi _____

le lingue: parlo inglese e un po' d'italiano. Non mi

_____ la matematica e la fisica … ;(

Il mio sport preferito _____ il tennis. Quando

_____ tempo chatto con gli amici inglesi o _____ con i compagni

italiani. _____ spesso una coca insieme o mangiamo un gelato al

"Giolitti". Simpatico, no ;)

Su ragazzi, perché non _____ insieme?!

George

• chattare: *chatten*

☒

_____ 16 anni e _____ olandese.

_____ di Rotterdam. Non mi

_____ lo sport e non mi _____

gli spaghetti! Strano, no? _____ molte amiche

italiane e _____ spesso. _____

qualcosa al bar o andiamo al cinema.

Mi _____ molto i film italiani!

_____ molto contenta di essere in Italia!

Ci _____ altri olandesi nel forum?

Mi _____ chattare con voi!

Swantje

• strano, -a: *komisch, seltsam*

• contento, -a: *glücklich, zufrieden*

2. Stasera Max vuole raccontare nel forum le esperienze di oggi. Vuole anche spiegare
le differenze con la sua scuola a casa. Che cosa scriverà? Formulate alcune idee.
Heute Abend will Max die Erfahrungen dieses Tages dem Forum mitteilen. Er will
auch Unterschiede zu seiner Schule zu Hause erklären. Was wird er wohl schreiben?
Formuliere einige Ideen.

B Tutti in classe!

27–31   **E1** **Che cosa (non) fanno i ragazzi?** Was machen die Jugendlichen (nicht)?

Marca le cose che fanno con la v (vero) e le cose che non fanno con la f (falso). Schreibe ein v (wahr) vor die Dinge, die sie tun, und ein f (falsch) vor die Dinge, die sie nicht tun.

_____ Franca e Tiziana parlano di Max.   _____ Enzo chiama il bidello.

_____ I due sanno il nome di Max.   _____ Simone ha l'astuccio di Sara.

_____ Max è vicino a Tiziana.   _____ Simone conosce l'astuccio di Sara.

_____ Tiziana dice che Max è carino.

E2 **Il cruciverba dell'aula** Das Kreuzworträtsel des Klassenzimmers

1. Cerca tutte le persone e cose che si trovano nell'aula. Suche alle Personen und Gegenstände, die sich in einem Klassenzimmer befinden.

2. Scrivi una lista con tutte le parole che hai trovato e aggiungi l'articolo. Schreibe eine Liste mit allen Wörtern, die du gefunden hast, und ergänze jeweils den Artikel.

3. Trasforma le parole dal singolare al plurale e dal plurale al singolare (con gli articoli!). Setze alle Singularwörter in den Plural und alle Pluralwörter in den Singular (mit den Artikeln!).

P	M	G	A	J	P	A	S	Q	O	B	W	Y	C	E
G	E	Q	O	A	S	W	E	C	L	A	S	S	E	F
F	D	V	P	M	O	S	M	W	W	N	A	O	W	B
L	O	C	I	N	M	O	S	A	I	C	Y	P	J	I
L	A	V	A	G	N	A	N	C	T	O	I	E	C	B
X	E	E	Z	C	W	R	W	B	W	I	W	N	O	X
W	V	P	P	O	R	T	A	W	N	M	T	N	M	R
S	X	N	O	M	Z	E	X	S	E	D	I	A	P	I
M	P	W	S	P	T	P	B	B	T	Q	X	W	A	G
Q	Z	S	T	A	U	L	A	I	O	U	P	E	G	H
E	O	Q	O	G	N	I	U	A	D	M	C	P	N	E
I	W	L	N	N	M	C	Y	C	Q	E	W	C	O	L
A	L	E	S	A	S	E	M	Y	E	O	L	Z	I	L
F	A	G	E	S	S	O	Q	I	P	X	O	L	W	O
L	E	Z	I	O	N	I	S	P	U	G	N	A	O	T

E3 **Tutto il mondo è paese … o no?** Die Welt ist ein Dorf, oder doch nicht?

Mentre Simone sta parlando, Max sta già pensando al suo forum. Ma non è tutto giusto quello che vuole scrivere. Correggi e poi finisci di scrivere il forum. Während Simone spricht, denkt Max schon an sein Forum. Aber nicht alles, was er schreiben will, ist richtig. Korrigiere und schreibe dann das Forum zu Ende.

La classe di Giuliano è una classe normale, non è molto interessante. Ci sono studenti simpatici che provocano sempre. Continuano a parlare anche quando c'è già un prof. Alcuni prof sono troppo severi e molti prof sono bravi. Non ci sono prof noiosi. Una prof è spesso arrabbiata: si chiama Castelli. La prof ama il rumore e i ragazzi non devono stare zitti. Quando c'è la Castelli, tutti aprono subito i loro libri e Simone deve sempre descrivere immagini. Poverino! I miei prof in Germania …

E 4 **Povera Anna Maria!** Die arme Anna Maria!

1. Anna Maria è al telefono con la sua amica, Costanza. Completate il dialogo con i verbi modali. Anna Maria telefoniert mit ihrer Freundin Costanza. Vervollständigt den Dialog mit den Modalverben.

Costanza: Ciao, Anna Maria, come stai?

Anna Maria: Così così. Sai, in casa Schiatti sono tutti dei pigroni! Carlotta

_____ fare i compiti, ma _____ fare shopping.

Giuliano _____ dormire, ma _____ andare a scuola.

Paolo ed io _____ fare tardi, ma domani _____

lavorare tanto.

* il pigrone: *Faulenzer*
* fare tardi:
  sich verspäten,
  spät dran sein
  hier: es spät werden
  lassen

2. Come va avanti il dialogo? Inventate la fine. Wie geht der Dialog weiter? Erfindet ein Ende.

E 5 **Quante scuse!** So viele Entschuldigungen!

1. Simone si scusa spesso a scuola. Decidete in classe se le sue scuse sono valide 👍 o no 👎. Simone entschuldigt sich oft in der Schule. Entscheidet, ob die nachstehenden Entschuldigungen akzeptabel sind 👍 oder nicht 👎.

1. "Scusi, professoressa! Non ho i compiti perché _____ (dovere)

   sempre aiutare la mamma in cucina."

2. "Prof, _____ (potere) avere una matita? Io non ce l'ho perché

   non so dov'è una cartoleria."

* lo cartoleria:
  Schreibwarenladen

3. "Scusi prof, non ho il libro di matematica perché oggi _____ (dovere)

   giocare a calcio, e nello zaino non c'è molto spazio!"

4. "Prof, non _____ (potere) non dare compiti per casa?

   _____ (dovere) organizzare una festa per la mamma!"

5. "Prof, _____ (sapere) perché non faccio mai i compiti? Perché

   _____ (dovere) aiutare mio padre!"

2. Trovate altre scuse. Findet weitere Entschuldigungen.

32–33 **E6** **Una chiacchierata nella 1ªD** Geplauder in der Klasse 1ªD

Anche nell'aula accanto gli studenti chiacchierano, soprattutto Franca e Giusi (Giuseppina). Che cosa dicono? Rispondi alle domande. Auch im Klassenzimmer nebenan plaudern die Schüler, vor allem Franca und Giusi. Was sagen sie? Beantworte die Fragen.

1. Dov'è il posto di Franca?

   _____

   _____

2. Chi aspettano le ragazze (nome del prof e materia)?

   _____

   _____

3. Che cosa dicono della materia che insegna il prof?

   _____

   _____

4. Che cosa dicono le ragazze di questo prof e degli altri prof?

   _____

   _____

5. Che cosa non c'è nell'astuccio di Franca?

   _____

   _____

6. Perché Giusi dice che questo è bello?

   _____

   _____

  E7 **In due si studia meglio!** Zu zweit lernt man besser!

Carlotta e Max studiano insieme. Lavorate in due.

1. Interrogazione sui vocaboli. Uno è Max e dice una parola in tedesco, l'altra è Carlotta che traduce in italiano e poi chiede un'altra parola in italiano a Max.
   Wörterabfrage. Einer ist Max und sagt ein Wort auf Deutsch, die andere ist Carlotta, die auf Italienisch übersetzt und Max dann nach einem anderen Wort auf Italienisch fragt.

2. Interrogazione sulla grammatica: Max e Carlotta preparano delle domande di grammatica in tedesco o in italiano e si interrogano. La risposta è in tedesco o italiano, seguita da un esempio in italiano.
   Grammatikabfrage. Max und Carlotta bereiten Grammatikfragen auf Deutsch oder Italienisch vor und fragen sich ab. Die Antwort ist auf Deutsch oder Italienisch, gefolgt von einem Beispielsatz auf Italienisch.

E8 **Giochiamo: nomi, cose, città!** Wir spielen: Stadt, Land, Fluss!

Max gioca con i gemelli "nomi, cose, città". Hanno tre categorie: nomi, aggettivi, verbi. Formate gruppi da tre. Prendete una lettera a caso e scrivete le parole che iniziano con quella lettera nelle categorie scelte. Max spielt mit den Zwillingen „Stadt, Land, Fluss". Sie haben drei Spalten: Substantive, Adjektive, Verben. Bildet Dreiergruppen. Wählt nach dem Zufallsprinzip einen Buchstaben aus und schreibt für jede Kategorie ein Wort, das mit diesem Buchstaben beginnt.

	nomi	**aggettivi**	**verbi**
S	studente	svizzero	sono

 E9 **Giuliano in crisi** Giuliano ist genervt.

Secondo Giuliano, Max passa troppo tempo con Carlotta. Per questo gli manda questo sms. Sai decifrarlo? Giuliano meint, dass Max zu viel Zeit mit Carlotta verbringt. Also schickt er ihm diese SMS. Kannst du sie entschlüsseln?

Adesso tocca a te! Che cosa risponde Max? Jetzt bist du dran! Was antwortet Max?

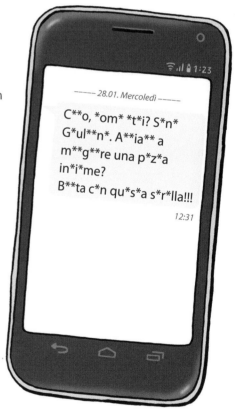

————— 28.01. Mercoledì —————

C**o, *om* *t*i? S*n* G*ul**n*. A**ia** a m**g**re una p*z*a in*i*me?
B**ta c*n qu*s*a s*r*lla!!!

12:31

E 10 **La scuola mi piace, perché ...** Die Schule gefällt mir, weil ...

1. Fai una classifica delle tre cose della scuola che ti piacciono di più e delle tre che ti piacciono di meno. Erstelle eine Hitliste der drei Dinge, die dir in der Schule am besten und am wenigsten gefallen.

<u>Materie</u>: storia, inglese, ...
<u>Attività</u>: i lavori di gruppo, fare i compiti, fare gli esercizi, mangiare, giocare, studiare, parlare con gli amici ...
<u>Persone</u>: i compagni, le compagne, i/le prof, il/la preside, gli amici ...

• abbastanza: *genug, ausreichend, ziemlich*

mi piace/mi piacciono — moltissimo / molto / abbastanza   non mi piace/non mi piacciono – per niente

Domanda ai compagni che cosa piace a loro. Frage deine Klassenkameraden, was ihnen gefällt.

2. Inventa altre sei domande da fare ai compagni. Denke dir sechs weitere Fragen an deine Klassenkameraden aus.

Che cosa

Come

Quando

Chi

Perché

Dove

In giro per Roma

A Scoprire Roma

🎧 34–36   **E1**   **Quante informazioni! E quanto rumore!**   So viele Informationen! Und so viel Lärm!

Con il rumore a Roma non capiamo sempre tutto. Ascolta il testo e trova le informazioni giuste. Im römischen Lärm verstehen wir nicht immer alles. Höre den Text an und finde die richtigen Informationen heraus.

1. Max
☐ conosce già bene Roma.
☐ conosce solo tre monumenti.
☐ conosce solo due monumenti.

2. Max
☐ conosce la Piramide.
☐ conosce il Circo Massimo ed il Colosseo.
☐ conosce solo monumenti importanti.

3. Giuliano e Max vanno prima a vedere
☐ le Terme di Caracalla.
☐ Sant'Agnese.
☐ San Pietro.

4. I ragazzi vanno
☐ in tram.
☐ in metropolitana.
☐ in autobus.

5. Il Vaticano
☐ è la sede del presidente d'Italia.
☐ è uno stato indipendente.
☐ è piccolo.

6. Dopo Giuliano e Max vanno a vedere
☐ Campo de' Fiori.
☐ Piazza Navona.
☐ Piazza di Spagna.

7. Max dice
☐ "Ciao bella!"
☐ "Grazie mille, caro amico!"
☐ "Piazza di Spagna? È famosa?"

8. Giuliano dice che ci sono sempre
☐ tanti turisi.
☐ pochi prof.
☐ tante ragazze.

l _ _ _ i _ _ _ a _ _ s _ a _ _ _ _

_ _ a _ _ _ s _ _ i _ _ d _ _ _ n _ _ _ _ t _ _

E2 **Quale autobus prendere?** Welchen Bus nehmen wir?

Mentre aspettano l'autobus Giuliano fa vedere a Max la mappa dei mezzi pubblici di Roma e spiega quali sono le linee importanti degli autobus. Während sie auf den Bus warten, zeigt Giuliano Max den Übersichtsplan der öffentlichen Verkehrsmittel Roms und erklärt, welche Buslinien wichtig sind.

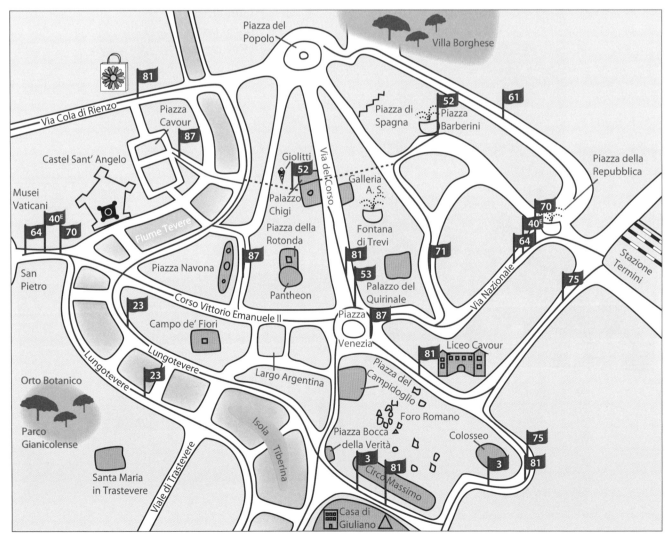

1. Scrivi la cifra della linea con l'aiuto della mappa degli autobus. Schreibe die Nummer der Linie mit Hilfe des Busplans auf.

Modello: Giuliano: "Guarda Max, noi abitiamo vicino alla Piramide. Per andare a scuola dobbiamo prendere la linea tre (_3_) "Colosseo-Galleria d'Arte Moderna".

1. "Per arrivare in Piazza Venezia puoi prendere la linea *cinquantatré* (___).

2. Sei a Termini e vuoi andare a San Pietro? Vai via Piazza Venezia con la linea *sessantaquattro* (___).

3. Puoi anche prendere l'Express: la linea *quaranta* (___).

4. Da Castel Sant'Angelo passa l'autobus numero *ventitré* (___) per l'isola Tiberina.

5. Da Piazza della Repubblica per Largo Argentina prendi la linea *settanta* (___).

6. Da Piazza Cavour per Piazza Venezia devi prendere l'autobus numero *ottantasette* (___). Adesso conosci le linee più importanti!"

2. Completa le frasi. Vervollständige die Sätze.

• dunque: *also*

1. "Dunque, per arrivare al Colosseo da San Pietro/Musei Vaticani prendo la linea _____ (81).

2. L'autobus numero _____ (75) parte da Termini, passa per il Foro Romano e arriva al Colosseo.

3. E la linea _____ (52) va a Palazzo Chigi e alla stazione metropolitana Barberini.

4. Ma da Piazza del Popolo via Barberini a Piazza della Repubblica prendo la linea _____ (61).

5. Beh, posso prendere l'autobus _____ (71) per arrivare a via Tiburtina o via del Quirinale. Uffa!"

E 3 **Che cosa vogliamo fare in città?** Was wollen wir in der Stadt machen?

Mentre aspettano la metropolitana Cinzia e Carlotta discutono su come vogliono trascorrere il sabato in centro. Lavorate in due: raccogliete idee su cosa fare in centro e poi inventate il dialogo. Während sie auf die U-Bahn warten, diskutieren Cinzia und Carlotta, wie sie den Samstag im Zentrum verbringen wollen. Arbeitet zu zweit: Sammelt Ideen zu Aktivitäten im Zentrum und entwickelt dann einen Dialog.

Modello:

Cinzia: Vogliamo guardare il nuovo film di Hugh Jackman al cinema in Piazza Barberini? Cosa ne dici?

Carlotta: Ottima idea! Sai quanto costano i biglietti?

Cinzia: …

- Cinema in Piazza Barberini (biglietto singolo: € 11)
- Musei Vaticani (biglietto singolo: …)
- Pizzeria a Trastevere (pizza Margherita: € 6,50)
- Gelateria "Giolitti" (…)
- …

E4 **Numeri! Numeri!** Zahlen über Zahlen! Partner **A**

Sei partner B? Vai a pagina 74.

1. Che numeri! Was für Zahlen!

Lavorate in due: B comincia e legge il numero. A scrive il numero. Poi A legge il numero e B lo scrive. Alla fine controllate le vostre soluzioni. Arbeitet zu zweit: B fängt an und liest die Zahl vor. A schreibt die Zahl auf. Dann liest A vor und B schreibt sie. Vergleicht am Schluss eure Ergebnisse.

A	B
23	
cinquantaquattro	54
65	
trentadue	32
86	
settantuno	71
102	
trecentonovantacinque	395
999	
quattrocentodieci	410
6 147	
duemilatrecentoquattordici	2 314
32 498	
ottantamilaottocentocinquantacinque	80 855
654 015	
duecentodiciannovemilatrecentoventisei	219 326

2. Sempre numeri! Immer noch Zahlen!

Max e Giuliano fanno tante foto e poi cominciano a fare la gara con i loro ipad: chi trova la risposta per primo? Lavora con un compagno di classe. Partner A comincia a chiedere, poi scambiate. Max und Giuliano machen viele Fotos und beginnen dann einen Wettstreit mit ihren ipads: Wer findet zuerst die Antwort? Arbeite mit einem Klassenkameraden. Partner A fängt mit Fragen an, dann wird getauscht.

A
1. Quante chiese ci sono a Roma? (quattrocento)
2. A Roma ci sono più di 2 000 fontane.
3. Quante fermate (autobus e tram) ci sono a Roma? (ottomilatrentacinque)
4. A Roma vivono circa 290 000 stranieri.
5. Quanti turisti visitano Roma all'anno? (dieci milioni cinquecentomila)
6. Roma ha ca. 2,7 milioni di abitanti.
7. Da quale anno il Vaticano è indipendente? (millenovecentoventinove)

- gli stranieri:
  Ausländer, Fremde
- visitare: *besuchen,
  besichtigen*
- la virgola: *Komma*

E5 **Tocca a te – ti ricordi?** Du bist dran – erinnerst du dich?

Scegli la fine della frase corretta. Wähle das richtige Satzende aus

1. Max vuole comprare una cartolina per i suoi
   ☐ amici.
   ☐ genitori.
   ☐ nonni.

2. Giuliano e Max comprano il francobollo
   ☐ in edicola.
   ☐ dal tabaccaio.
   ☐ alla stazione.

3. La via del Corso a Roma è la via
   ☐ dei monumenti.
   ☐ dello shopping.
   ☐ delle fontane.

4. Nella Galleria Alberto Sordi ci sono tanti
   ☐ negozi.
   ☐ cinema.
   ☐ tabaccai.

37–38 **E6** **Quanti personaggi famosi di Roma!** So viele römische Berühmtheiten!

Seduti sui gradini i ragazzi sentono parlare una guida dei personaggi più famosi di Roma. Ascolta e scrivi: Quando sono nate queste persone? Poi abbina le foto ai nomi. Während sie auf den Stufen sitzen, hören die Jugendlichen einen Fremdenführer von berühmten Personen sprechen, die aus Rom stammen. Schreibe auf, wann diese geboren sind. Ordne dann die Bilder den Namen zu.

Francesco Totti: _____   Gaio Giulio Cesare: _____   Niccolò Ammaniti: _____

Eros Ramazotti: _____   Sophia Loren: _____   Cesare Borgia _____

E7 **Ecco, come va avanti il tour.** Und so geht die Tour weiter.

Dopo la visita al Pantheon, Giuliano e Max salutano le ragazze e continuano il loro giro da soli. Passano per Piazza Venezia e … Vuoi sapere come continua il giro per Roma? Completa il testo con le preposizioni articolate! Nach dem Besuch im Pantheon verabschieden sich Giuliano und Max von den Mädchen und setzen ihre Tour alleine fort. Sie kommen an der Piazza Venezia vorbei und … Willst du wissen, wie die Tour durch Rom weitergeht? Vervollständige den Text mit den Präpositionen und Artikeln!

• è giunto il momento: *der Augenblick ist gekommen*
• la verità: *Wahrheit*
• una certa ragazza: *ein gewisses Mädchen*

Giuliano: Allora amico mio, adesso è giunto il momento **della** (di) verità …
Max: Come?
Giuliano: … Vediamo se ti piace una certa ragazza …
Max: Non ti capisco. Cosa vuoi dire?

Giuliano: Ecco la famosa Bocca _____ (di) Verità! Ti faccio vedere le informazioni

_____ (su) mio monumento preferito. Guardiamo _____ (su) ipad.

Max: Tu e il tuo ipad – amore per sempre!

Questa maschera esiste già da ca. 2000 anni.

_____ (da) 1631 la Bocca _____ (di)

Verità è davanti _____ (a) chiesa Santa

Maria in Cosmedin. Secondo la leggenda la Bocca

_____ (di) Verità è un oracolo: morde la mano

se una persona mente!!

• l'oracolo: *Orakel*
• mordere la mano: *in die Hand beißen*
• mentire: *lügen*

Giuliano: Allora, hai paura _____ (di) monumento, vero?!

Max: No, per niente!

• la guida: *Fremdenführer, Stadtführer*

Giuliano: E questa guida di Roma?

Max: Ma scusa Giuliano, parli _____ (di) amica di Carlotta?

Giuliano: Caro, facciamo una prova d'amore. Andiamo _____ (a) Bocca

_____ (di) Verità e tu metti la mano _____ (in) bocca …

E8 **Max, Roma e il Vaticano** Max, Rom und der Vatikan

La sera Max vuole scrivere un articolo per il forum. Aiutalo a ricordare le informazioni.
Am Abend will Max einen Artikel für sein Forum schreiben. Hilf ihm, sich zu erinnern.

1. Aggiungi i nomi delle attrazioni alle foto di Max.
Füge die Namen der Sehenswürdigkeiten zu Max' Fotos hinzu.

Bocca della Verità

Galleria Alberto Sordi

Gelateria "Giolitti"

Pantheon

Piazza di Spagna

Fontana di Trevi

Piazza San Pietro

Musei Vaticani

Edicola

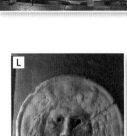

Cupola di San Pietro

2. Max vuole scrivere una breve informazione sotto ogni foto. A quale foto si riferiscono le seguenti affermazioni? Scrivi brevi informazioni anche per le altre foto.
Max will kurze Informationen unter jedes Foto schreiben. Auf welche Fotos beziehen sich die folgenden Aussagen? Schreibe kurze Informationen auch für die restlichen Fotos.

1. Foto _____: Dalla cupola hai un panorama spettacolare. (_____)

2. Foto _____: Ha un buco sul tetto. (_____)

- il tetto: *Dach*

3. Foto _____: È una delle fontane più conosciute del mondo. (_____)

4. Foto _____: Secondo la leggenda morde la mano se una persona non dice la verità.

(_____)

5. Foto _____: _____.

6. Foto _____: _____.

7. Foto _____: _____.

8. Foto _____: _____.

9. Foto _____: _____.

10. Foto _____: _____.

3. Lavoro in gruppo: create un poster con almeno quattro altri monumenti di Roma. Presentate il vostro risultato con foto e brevi informazioni in classe. Arbeitet in Gruppen: Erstellt ein Poster mit noch mindestens vier weiteren Sehenswürdigkeiten in Rom. Präsentiert der Klasse euer Ergebnis mit Fotos und kurzen Informationen.

E9 **Un po' di storia** Partner **A**

Sei partner B? Vai a pagina 75.
Lavorate in due: uno di voi legge la frase con le cifre. L'altro controlla. Poi viceversa.
Arbeitet zu zweit: Einer von euch liest den Satz mit den Zahlen. Der andere kontrolliert. Dann wird gewechselt.

A

1. Nel 753 a. C. nasce Roma.
2. Dal quarantanove al quarantaquattro avanti Cristo Gaio Giulio Cesare ha il potere assoluto su tutto l'Impero Romano.
3. Nel 400 e nel 500 d. C. Michelangelo lavora a Roma.
4. L'Italia diventa una Repubblica nel millenovecentoquarantotto.
5. Nel 2014 la Germania vince i mondiali di calcio.
6. Dal duemilacinque al duemilatredici c'è un papa tedesco nel Vaticano.
7. Dal 1929 il Vaticano è uno stato indipendente.
8. Dal duemilatré la Galleria Alberto Sordi in via del Corso porta questo nome.

- il potere assoluto: *uneingeschränkte Macht*
- l'Impero Romano: *Römisches Reich*
- vincere i mondiali: *Weltmeisterschaft gewinnen*

B Testaccio ... un labirinto!

(o) *39–40*

E 1 Quante informazioni!

Max riflette un po' sulle parole di Anna Maria. Scegli l'informazione giusta, leggi le lettere e scopri così cosa deve fare Max.

• la lettera: *Buchstabe*

1. Carlotta e Giuliano
   - ☐ sono a casa. N
   - ☐ sono dal dentista. S
   - ☐ non possono fare la spesa. A

2. La farmacia
   - ☐ è lontana. O
   - ☐ è in via Banca. S
   - ☐ è a casa di Cinzia. T

3. Il negozio di generi alimentari
   - ☐ offre prodotti biologici. E
   - ☐ è di fronte al mercato vecchio. I
   - ☐ è nella strada parallela alla macelleria. O

4. Al mercato nuovo Max
   - ☐ deve comprare la carne. N
   - ☐ deve andare dal fruttivendolo. P
   - ☐ può comprare tutto quello che deve comprare. L

5. Anna Maria
   - ☐ va con Max a fare la spesa. O
   - ☐ scrive una lista con le cose da comprare. S
   - ☐ fa vedere su una mappa la strada che Max deve percorrere. E

E 2 Il mercato nuovo – un labirinto? Partner **A**

Sei partner B? Vai a pagina 75.

E dove si possono comprare altri prodotti? Ecco la pianta del mercato nuovo.

Sei davanti all'ingresso principale. Domanda al tuo partner, dove si trovano 1. la pasta fresca, 2. il caffè, 3. gli alimenti per animali, e 4. il bar.

• la frutta: *Obst*
• la verdura: *Gemüse*
• i surgelati: *Tiefkühlware*
• le merci varie: *Gemischtwaren*
• l'ingresso principale: *Haupteingang*
• fresco, -a: *frisch*
• l'animale: *Tier*
• il vino: *Wein*
• l'olio: *Öl*

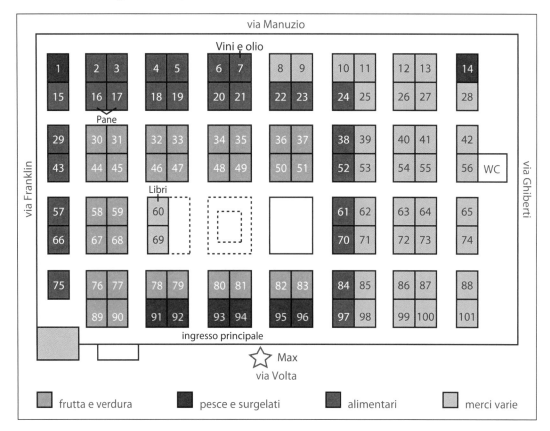

E3 **Max cerca la via diretta.**

• diretto, -a: *direkt*

1. Max cerca di ricordare le parole di Anna Maria. Puoi aiutarlo?

Per andare in farmacia _____ (scendere)

e _____ (andare) in direzione centro

città. _____ (prendere) la terza traversa a

destra ed ecco la farmacia!

Poi _____ (passare) al negozio di generi

alimentari e _____ (cercare) la pasta

fresca. Ma non _____ (comprare)

il pane lì!

_____ (sentire), quando sei al mercato,

_____ (chiedere) al fruttivendolo che

cosa c'è di fresco e _____ (ascoltare)

che cosa risponde.

_____ (fare) tutto con calma. Se hai

problemi, _____ (domandare) la strada

a un passante. Non _____ (essere)

timido!

Dalla farmacia _____ (continuare)

sempre diritto e _____ (girare) a

sinistra al terzo incrocio. _____ (dire) al

macellaio che la carne è per la signora Bianchi.

• il problema: *Problem*
• timido, -a:
  schüchtern
• tornare:
  zurückkehren
• la piantina: *Stadtplan*

2. E per tornare a casa? Max è davanti al mercato nuovo con tutta la spesa.
Adesso vuole tornare a casa in via Vespucci e chiede la strada a un passante.
Scrivi il dialogo con l'aiuto della piantina a pagina 78 del libro *Scambio 1*.

+ *p. 76*   **E 4**   **I prof amano gli imperativi!**

Mentre Max sta in giro, pensa alla scuola e al prof di storia.

1. Completa le frasi con le forme dell'imperativo. Usa anche un dizionario.

- Mondini, _____ (cominciare) a lavorare!

- Bruni, _____ (stare) zitta!

- Schiatti, _____ (chiacchierare, non) con Marollo!

- Di Francesco, _____ (prendere) i tuoi libri!

- La Placa, _____ (fare) attenzione!

- Cassati, Scardaccione _____ (guardare) la lavagna!

- Baldelli, _____ (dare) una penna a Bertoli!

- Scardaccione, _____ (dormire, non)!

- Rubini, Baldelli _____ (ripetere) per favore!

- Mattioli, _____ (ascoltare) quello che dico!

- Franchini, _____ (scrivere, non) sul banco!

- Dastice, _____ (andare) a prendere il gesso!

2. Che cosa dice il tuo/la tua prof? Trova altri imperativi.

• werfen: *lanciare*

• Spiegel: *lo specchio*

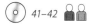 *41–42* **E5** **Scusa, dov'è ...?** Partner **A**

Sei partner B? Vai a pagina 76.

1. Ascolta come Max chiede la via a due romani e delinea i suoi percorsi sulla pianta di Roma.

2. Adesso fai come Max. Sei in una città che non conosci, davanti alla stazione.
Chiedi al tuo partner quale strada devi prendere per arrivare 1. al bar
2. in farmacia 3. in macelleria, 4. a scuola, 5. al negozio di generi alimentari.

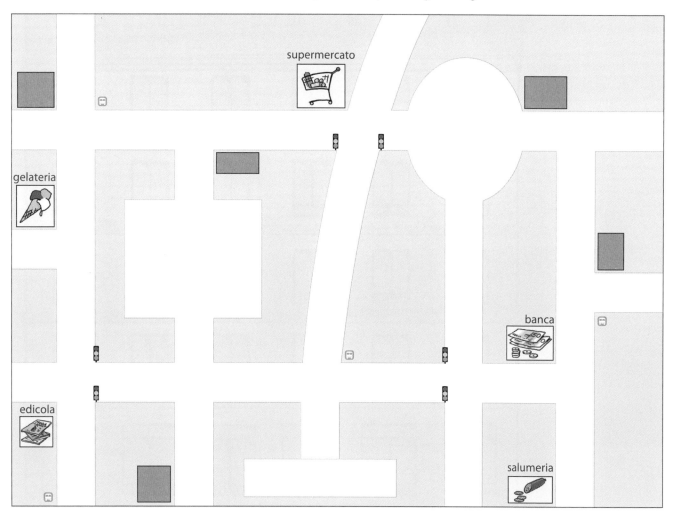

E6 **La casa di Cinzia**

Ecco il palazzo dove abita Ciniza. Ha veramente molti vicini!

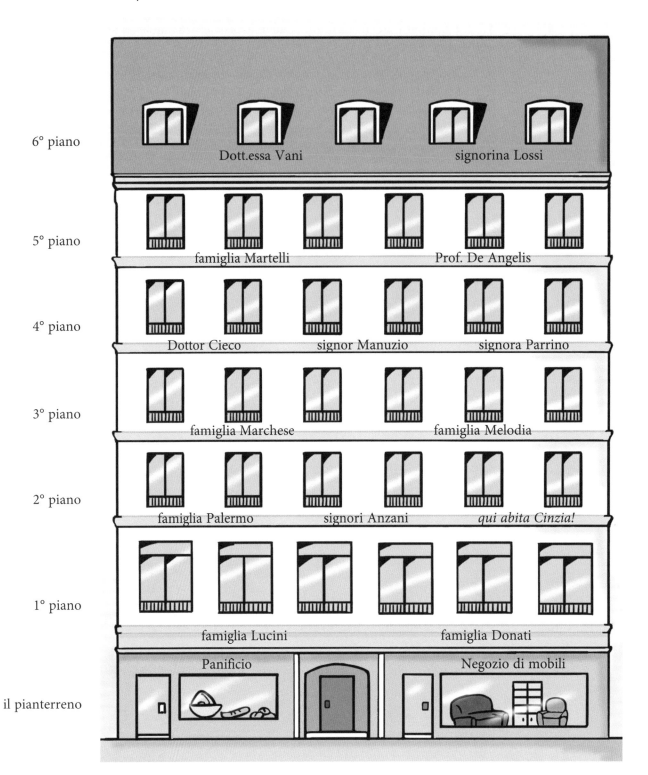

6° piano — Dott.essa Vani — signorina Lossi

5° piano — famiglia Martelli — Prof. De Angelis

4° piano — Dottor Cieco — signor Manuzio — signora Parrino

3° piano — famiglia Marchese — famiglia Melodia

2° piano — famiglia Palermo — signori Anzani — *qui abita Cinzia!*

1° piano — famiglia Lucini — famiglia Donati

il pianterreno — Panificio — Negozio di mobili

• il pianterreno:
Erdgeschoss
• immaginare:
*(bildlich) vorstellen,
ausdenken*

1. Presenta i vicini di Cinzia. Chi abita dove?

Comincia così: La famiglia Lucini abita al primo piano a sinistra,
sotto la famiglia Palermo. La signorina Lossi …
Continua.

 2. Immagina le persone che abitano nel palazzo. Chi sono? Che cosa fanno?
Lavorate in gruppi. Scegliete una famiglia e preparate una presentazione
delle vostre idee con l'aiuto di un dizionario.

E7 **Che incubo!**

1. Max sogna di visitare tutta la città di Roma in un fine settimana!

Modello: Max sogna di visitare la terza chiesa, … Continua!

- sognare: *träumen*
- storico, -a: *historisch*

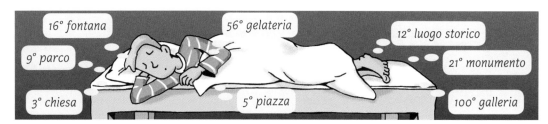

16° fontana 56° gelateria 12° luogo storico
9° parco 21° monumento
3° chiesa 5° piazza 100° galleria

2. Che altro sogna di visitare? Continua!

 E8 **L'incubo di Carlotta: a quale fermata devo scendere?**

- l'incubo: *Albtraum*

A Roma ci sono due linee di metropolitana: linea A (arancione) e linea B (blu).
Adesso tu sei Carlotta. Sei alla stazione Termini. Chiedi al tuo partner quale linea devi
prendere e a quale fermata devi scendere per visitare:

A: la Piramide – Piazza di Spagna – la città del Vaticano – Villa Borghese – il Colosseo
B: il Circo Massimo – la Fontana di Trevi – la Basilica S. Paolo – Castel S. Angelo –
  Piazza Vittorio Emanuele

Usate la pianta a pagina 66 del libro *Scambio 1*.

Modello: – Come arrivo a Piazza Repubblica?
– Prendi la linea A in direzione Battistini e scendi alla prima fermata.

 E9 **Quale musica ascoltano Cinzia e Carlotta?**

1. Vai su http://classifiche.mtv.it e cerca le attuali classifiche ufficiali di musica.
Chi è al primo/secondo/terzo/… posto della hitlist Italia: classifica singoli/hit parade
europea/video più visti?

- la classifica attuale: *aktuelle Hitliste*
- ufficiale: *offiziell, amtlich*
- visto, -a: *(an)gesehen*

2. Tu sei Cinzia: Quali 10 singoli dei top 100 scegli per il tuo incontro con Carlotta?
Presenta i tuoi risultati in classe.

E10 **Tutto non si può fare!**

Le ragazze hanno veramente tante idee, ma sono troppe. Come fare?
Completa il dialogo tra Cinzia e Carlotta con **prima, dopo, poi, se, ma, però**.

Carlotta: Sono veramente idee belle, _____ non possiamo fare tutto questo!

Cinzia: Sì, _____ possiamo fare due o tre cose, non pensi?

Carlotta: Forse. _____ solo _____ non dobbiamo andare lontano,

perché non vorrei girare tutta la città.

Cinzia: Che ne dici di andare _____ in pizzeria e _____ al pub?

O _____ da Sibilla e _____ al cinema?

Carlotta: Forse dobbiamo _____ domandare a Sibilla _____

vuole venire con noi.

Cinzia: Facciamo così. E _____ vediamo!

La vita non è solo scuola

A È ora di muoversi!

E1 **Che ora è? Che ore sono?**

Max ha ancora difficoltà a leggere l'ora in italiano. Nel vecchio manuale di Giuliano ha trovato i seguenti esercizi. Aiuta Max!

- disegnare: *zeichnen*
- le lancette: *Zeiger*

1. Leggi che ore sono e disegna le lancette al posto giusto.

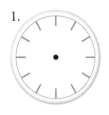  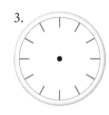 

 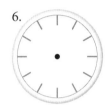  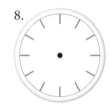

1. È l'una e venticinque.
2. Sono le tre meno un quarto.
3. Sono le due e mezzo.
4. Sono le sei e venti.

5. Sono le nove e dieci.
6. È mezzogiorno.
7. Sono le undici meno venti.
8. È l'una meno cinque.

2. Leggi e scrivi in lettere le seguenti ore!

| 12:15 | 14:20 | 16:45 | 20:55 |

| 00:10 | 13:00 | 22:35 | 11:05 |

+ *p. 77* **E2** **Sabato a casa degli Schiatti**

1. Com'è un sabato mattina a casa degli Schiatti? Completa il dialogo tra Giuliano e Max con i seguenti verbi riflessivi.

> riposarsi (2x)   allenarsi (2x)   farsi   sentirsi   incontrarsi

Giuliano: _____ la doccia adesso?

Max: No, vai pure prima tu in bagno. Fra dieci minuti _____ con Fabrizio. Vogliamo andare a correre nel parco.

Giuliano: Ma sono le sei ?! _____ sempre così presto la mattina?

Max: Sì, perché mi piace. Vuoi venire anche tu?

Giuliano: No, grazie. Oggi non _____ tanto bene.

Max: Ho capito. Allora _____! La prossima volta _____ insieme, va bene?

Giuliano: D'accordo! Magari stasera?

Max: No, stasera _____.

2. E com'è il sabato sera? Completa il dialogo tra Giuliano e Max con i seguenti verbi riflessivi.

> alzarsi   allenarsi   incontrarsi   vestirsi   riposarsi
> farsi   divertirsi   sentirsi

Giuliano: Max, hai voglia di venire con noi al cinema? _____ con Fabrizio davanti al cinema alle 7.

Max: Stasera non mi va. _____ stanco. _____ un po'.

Giuliano: Sei stanco perché _____ sempre così presto. Dai, oggi è sabato. _____ .

Max: Va bene! _____ la doccia, _____ e poi partiamo!

Giuliano: Così mi piaci! Domani _____ insieme. Ma non prima delle 10!!!

🖊 **E3** **Che ragazzi sportivi!**

Arriva il nuovo prof di educazione fisica. Vuole conoscere i ragazzi della sua classe ma ha solo poche informazioni. Completa il dialogo con i nomi e la forma giusta del verbo **chiamarsi**.

Prof: Non vai a scuola il sabato ma ti alleni? Allora ti chiami _____?

Giuliano: No, io non _____ .

Prof: E come _____, scusa?

Giuliano: Giuliano. E lui _____ Max.

Prof: Ah, _____ Giuliano e Max? Allora i vostri genitori

non si allenano con voi la domenica?

Giuliano: No, ma i genitori di _____ si allenano il sabato.

Prof: E come _____ i genitori?

Giuliano: Scusi, prof, ma perché parliamo così tanto adesso?

Prof: Hai ragione! Andiamo, su!

E4 **E la mattina? Attività!**

1. Che cosa fa Cinzia la mattina, che cosa fa Max? Descrivi le loro attività.

	08:00		
_____		_____	
	08:10		
_____		_____	
	08:30		
_____		_____	
	08:40		
_____		_____	

• duschen: *farsi la doccia*

• sich treffen: *incontrarsi*

2. E tu? Che cosa fai la mattina?

_____

_____

_____

_____

✏️ **E5** **Sempre attività!**

Com'è il sabato di Max? Il sabato italiano di Max è molto diverso da quello tedesco.

1. Forma delle frasi e scrivi l'ora in lettere.

In Germania 🇩🇪
7:30   svegliarsi e poi vestirsi
7:50   fare colazione
9:15   allenarsi con i genitori
10:30   farsi la doccia
11:00 – 12:00 fare i compiti
12:30   pranzare
14:00 – 18:00 incontrarsi con gli amici
18:30   cenare
20:00 – 23:00 guardare la TV, giocare al computer,
        ascoltare la musica

In Italia 🇮🇹
6:00   svegliarsi, vestirsi e poi allenarsi
6:45   farsi la doccia
7:00   prendere l'autobus per andare a scuola
8:00   comincia la lezione
12:00   finisce la scuola
13:30   pranzare
15:00 – 16:00 riposarsi
16:00 – 20:00 incontrarsi con gli amici
21:00   cenare

• pranzare: *zu Mittag essen*
• cenare: *zu Abend essen*

2. E cosa fai tu il sabato? E come immagini un tuo "sabato italiano"?
Fai delle frasi e scrivi l'ora in lettere.

_____

_____

_____

_____

_____

_____

_____

_____

_____

_____

👥 **3.** Paragona le tue attività con quelle di un compagno di classe. Poi create il vostro sabato italiano ideale.

💿 *43–45* **E6** **Giuliano prende la parola.**

✏️ Ascolta, metti in ordine i dialoghi e poi inserisci le parole che mancano.

Numero __1__   Giuliano: Io invece la domenica pomeriggio gioco a calcio. Max mi accompagna

_____ allo stadio. A mezzogiorno mangiamo un panino perché

dobbiamo prendere l'_____ già all'una. La partita è poi dalle due

alle quattro meno un quarto.

Max: Anch'io amo il calcio da quando vado allo stadio con Giuliano.

Mercoledì andiamo a vedere la _____.

Giuliano: Non vedo l'ora!

Numero _____ Fabrizio: Veramente? Giovedì prossimo ti porto all'allenamento. Così mi puoi far vedere

quanto sei bravo a giocare a basket …

Max: Io ci sto! _____ anche voi?

Giuliano: Non so, mi fa male il piede.

Fabrizio: E come ti fa male il _____. Ma tu hai sempre qualcosa: una volta

il piede, un'altra volta la mano, la testa, la schiena … Non è possibile! Dai!

Numero _____ Max: Oddio! E la mattina a che ora ti alzi?

Simone: Verso le sei.

Max: Che grinta! E riesci sempre ad essere _____ nell'allenamento?

Simone: In inverno ci riesco, anche perché allenarsi fa bene al corpo e alla mente!

Giuliano: Sbrigati Max!

Numero _____ Simone: Anch'io giovedì devo studiare perché sono molto _____ tutta la

settimana. Amo nuotare. Mi alleno tre volte alla settimana dalle sei meno un

_____ alle otto meno un quarto. Però devo partire molto prima

perché la piscina "Delle Rose" è un po' lontana. Perciò il lunedì, il mercoledì e

il venerdì non ho tanto tempo per studiare. Spesso non _____ ad

andare a letto prima di mezzanotte.

Numero _____ Giuliano: È vero comunque. E poi ho troppo da studiare. Mi devo _____

per l'interrogazione di matematica e lunedì c'è un compito d'italiano.

Fabrizio: _____, il compito d'italiano … ma l'interrogazione è un altro

discorso.

Preparati bene, il prof di matematica è molto severo.

Numero _____ Max: In Italia avete tanti bravi giocatori. Il mio preferito è Mario Balotelli.

Fabrizio, ti _____ anche gli sport di squadra?

Fabrizio: Sì, molto. Infatti il martedì gioco a pallavolo _____ il giovedì

gioco a basket.

Max: Io vado pazzo per il basket.

E7 **Quante parole per organizzarsi!**

Per organizzare le sue giornate Max ha bisogno di tante parole.
Aiuta Max e metti in ordine le seguenti parole.

dopo   mattina   oggi   anno   mese   ieri   giorno

domani   adesso   notte   sera

ieri – _____ – _____ – dopodomani

allora – _____ – presto – _____

_____ – settimana – _____ – _____

_____ – pomeriggio – _____ – _____

E8 **Come sono i mesi?**

Tutti parlano dei mesi e Max ricorda una poesia. Come sono i mesi, secondo questa poesia? Abbina la descrizione al mese! Poi paragona la tua soluzione con quella di un compagno.

- spiritoso, -a: *witzig, geistreich*
- il nuotatore: *Schwimmer*
- bianco: *weiß*
- il grappolaio: *"Weintraubenmacher"*
- il castagnaio: *"Kastanienmacher"*
- il sognatore: *Träumer*
- stanco, -a: *müde*
- freddoloso, -a: *verfroren*
- il cantautore: *Liedermacher*
- pazzerello, -a: *etwas verrückt*
- mite: *mild*

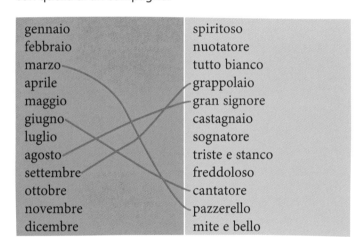

gennaio	spiritoso
febbraio	nuotatore
marzo	tutto bianco
aprile	grappolaio
maggio	gran signore
giugno	castagnaio
luglio	sognatore
agosto	triste e stanco
settembre	freddoloso
ottobre	cantatore
novembre	pazzerello
dicembre	mite e bello

E9 **Quando è il tuo compleanno?**

1. Max memorizza i compleanni dei suoi amici. Abbinate.

Il mio compleanno è in primavera.	Cinzia: Il mio compleanno è il 20 dicembre.
Il mio compleanno è in piena estate.	Carlotta e Giuliano: Il nostro ■ 4 aprile
Il mio compleanno è in autunno.	Fabrizio: ■ 15 agosto
Il mio compleanno è in inverno.	Simone: ■ 13 ottobre

- il compleanno: *Geburtstag*
- la piena estate: *Hochsommer*

2. Adesso tocca a voi: Domandate ai vostri compagni di classe il giorno del loro compleanno!

E 10 **Un quiz dei compagni di classe**

1. Max controlla le sue e-mail e trova un'e-mail dei compagni. Vogliono capire se Max conosce bene i suoi compagni e amici italiani. Ecco il loro quiz. Aiutate Max a completare il quiz.

Ciao Max,

conosci bene i tuoi compagni _____ classe? Allora è facile questo quiz ;-)

Chi va pazzo _____ il calcio e ama guardare il calcio _____ stadio?

Chi è il prof severo?

Chi è molto costante _____ allenamento e si allena tre volte _____ settimana,

ma non ha tempo _____ studiare e non va _____ letto prima _____

mezzanotte?

Chi non va _____ giocare _____ basket perché ha troppo _____ studiare?

Chi non riesce _____ alzarsi presto quando non deve andare _____ scuola?

Chi deve andare a scuola _____ lunedì _____ sabato? :-(Noi italiani

Chi ama correre _____ parco? Solo tu e i tuoi.

- costante: *beständig, konstant*
- l'allenamento: *Training*

2. Tocca a voi. Lavorate in due e preparate un quiz per i vostri compagni di classe.

 E 11 **La bestia nera?**
Max trova un'e-mail di suo padre con un articolo di giornale. Max legge l'articolo e spiega a suo padre in tedesco come si sentono gli italiani secondo l'articolo e come si deve sentire la Germania. Scrivi l'e-mail.

Germania, siamo la tua bestia nera
La storia dice Italia, tedeschi arriviamo di CARLO LANDONI

- tremare: *beben, zittern*
- il pallone: *(Fuß-)Ball*
- gli azzurri: *hier: ital. Nationalmannschaft*
- fregarsene: *fam.:auf etw. pfeifen*
- la bestia nera: *die schwarze Bestie*

E adesso trema **Germania**! Pur grande, forte e poderosa che tu sia Germania, adesso trema! Trema perché arriva l'Italia. L'Italia del calcio, che per la Germania è la "bestia nera". Perché con il pallone di mezzo in Europa i più solidi sono gli azzurri. **Bund, Merkel e Bundesbank**, che sono giocatori, queste le parole, i termini, che possono far tremare le gambe all'Italia, le gambe però dell'economia italiana. E chi se ne frega se lo Spread sorride ai tedeschi. Sorridiamo noi, quando davanti ci sono loro, i tedeschi. Perché non perdiamo mai. **Da Rivera, passando per Pablito Rossi, e poi Roberto Mancini, fino a Del Piero.**

Quando i panzer vedono il colore azzurro, le gambe che tremano sono le loro. Saranno pure panzer, ma non hanno il nostro cuore. Saranno concreti, ma non hanno fantasia. Saranno freddi, ma non hanno passione. Avranno un inno solenne che più di così non si può, ma nel nostro c'è tutta la storia d'Italia, dell'Italia che non si arrende e risorge sempre. Come mai non si arrende in campo. E allora Germania, trema!

Quelle: http://www.sportmediaset.mediaset.it/speciale/euro2012/articoli/84895/germania-siamo-la-tua-bestia-nera.shtml

B Attività ... serali

E 1 **Chi ha fatto che cosa?**

Ascolta il testo B1 e trova le informazioni giuste.

1. Giuliano dice ☐ "Che facciamo adesso?" ☐ "Che fai, Max?" ☐ "Che cosa avete fatto ieri sera?" ☐ "Ragazzi, che cosa avete fatto domenica mattina?"	2. Fabrizio ☐ è stato al cinema. ☐ è stato con Marco. ☐ è stato al bar.
3. Tiziana e la madre ☐ non hanno fatto niente. ☐ sono state in chiesa. ☐ sono state in pizzeria.	4. Simone ☐ ha passato il tempo seduto alla scrivania. ☐ ha preparato il compito d'italiano. ☐ ha finito il lavoro alle otto. ☐ ha finito di studiare a mezzanotte.
5. Luigi ☐ ha visto il concerto di Zucchero in televisione. ☐ ha studiato. ☐ ha dormito tutto il giorno.	6. Max ☐ è venuto a trovare Simone. ☐ ha ascoltato il nuovo album dei Modà. ☐ ha studiato con Carlotta.
7. La lezione ☐ oggi non c'è. ☐ è una lezione di matematica. ☐ è cominciata.	

_ _ _ _ _ _ _ _ _

_ _ _ _ _

A _ _ c _ R _ h _ _ _ _ h _ r

+ *p. 78*   **E2**) **Tra una lezione e l'altra ...**

Chi? Che cosa? Completa le frasi.

1. I ragazzi parlano di _____.

2. Fabrizio è uscito con _____.

3. Il figlio della prof è _____.

4. Simone ha _____.

5. I Modà _____.

6. Alice Rohrwacher _____.

7. Tiziana _____.

E3) **Le attività ...**

1. ... degli amici di Max. Max scrive sul suo forum italiano. Completa il testo con i verbi al passato prossimo.

Tutti _____ (fare) qualcosa di bello ieri. Solo Simone _____

(essere) a casa: non _____ (venire) con me ad ascoltare musica da

Luigi perché _____ (fare) il compito di matematica. _____

(cominciare) alle otto e _____ (finire) a mezzanotte. Loredana

_____ (guardare) il concerto di Zucchero in TV. Il concerto

_____ (cominciare) alle nove.

2. ... della tua classe. Insieme al vostro prof e con l'aiuto dei dizionari fate una mappa mentale con le vostre attività preferite per il weekend.

Modello:

3. Lavorate in coppie: scrivete le attività del vostro scorso fine settimana nella mappa mentale. Poi presentate alla classe che cosa avete fatto tu e il tuo compagno. Ascoltate e prendete appunti sulle attività dei vostri compagni. Alla fine cercate di ricordare: chi ha fatto che cosa? Quali tre attività sono le attività preferite della classe?

• prendere appunti: *Notizen machen*

 48–52   **4.** Che cosa hanno fatto?

Ascolta le seguenti situazioni e scrivi nel tuo quaderno che cosa hanno fatto le persone o dove sono state. Attenzione: non è solo importante quello che dicono, ma tutto quello che senti.

Situazione 1: Che cosa ha fatto Loredana ieri?

Situazione 2: Che cosa hanno fatto Giuliano e Max?

Situazione 3: Che cosa hanno fatto Simone e Fabrizio?

Situazione 4: Che cosa hanno fatto Loredana e Tiziana?

Situazione 5: Che cosa hanno fatto la signora Bianchi e il signor Schiatti?

E4 **Il cruciverba dei participi passati**

- il cruciverba: *Kreuzworträtsel*
- orizzontale: *horizontal*
- verticale: *vertikal*

Sapete aiutare Max con questo cruciverba per ripetere i participi passati?

Verticale ↓:
1. vedere
2. fare
3. essere
4. uscire
5. finire

Orizzontale →:
6. giocare
7. conoscere
8. venire

E5 **Un'attività che comincia per ...**

Max ha visto su facebook tante attività per il tempo libero. Cerca di memorizzare tutte le parole nuove per parlare del tempo libero. Scrivete le parole per Max:

A come _____

B come _____

G come _____

C come _____

N come _____

D come _____

S come _____

E6 **E tu, Max?**

Adesso tocca a Max riferire alla classe cosa ha fatto sabato scorso. Aiutalo e fai delle frasi al passato prossimo!

6:00	svegliarsi, vestirsi e poi allenarsi	12:00	finisce la scuola
6:45	farsi la doccia	13:30	pranzare
7:00	dover prendere l'autobus per andare a scuola	15:00 – 16:00	riposarsi
		16:00 – 20:00	incontrarsi con gli amici
8:00	comincia la lezione	21:00	cenare

E7 **Che giornata!**

1. Usate la vostra immaginazione: sei la signora Bianchi e racconti a un compagno di classe che cosa hai fatto durante la giornata. Poi scambiate. Usate varie espressioni per indicare l'ora e i seguenti verbi:

svegliarsi   alzarsi   vestirsi   mangiare   lavorare   divertirsi e/o annoiarsi

Modello: Allora, mi sono svegliata alle sei e un quarto e poi …

2. Raccontate che cosa avete fatto ieri. Poi presentate il dialogo alla classe.

+ *p. 78* **E8** **Una domenica fantastica!**

Max trova un'e-mail: i suoi compagni di classe raccontano in italiano che cosa hanno fatto la scorsa domenica (ca. 120 parole) con la loro prof d'italiano. Scrivi la loro e-mail (in italiano!). Puoi usare il seguente articolo come ispirazione.

Cinema! Italia!

Cinema! Italia! präsentiert jedes Jahr im Rahmen einer Tournee durch 30 deutsche Städte sechs aktuelle italienische Filme in der Originalfassung mit deutschen Untertiteln. Alle Filme sind deutsche Erstaufführungen und fanden in Italien große Aufmerksamkeit bei Publikum und Kritik. Sie sind so ausgewählt, dass sie die inhaltliche Bandbreite der aktuellen italienischen Filmproduktion zeigen. In allen sechs Filmen kann man hervorragende Schauspieler erleben, und es kommen jedes Jahr auch einige Regisseure und weitere Filmschaffende nach Deutschland.

http://www.cinema-italia.net/index.php

Oggetto: Che domenica fantastica!

Caro Max,

la scorsa domenica _____ fantastica! Abbiamo

_____ tante belle cose. Ci _____ incontrati tutti

con la nostra prof d'italiano, perché _____

_____

_____

_____

_____

_____

Un caro saluto,

_____

Ma che bella vita!

A Sempre il solito problema

 E1 **Strega comanda colore**

- la strega: *Hexe*
- comandare: *anordnen, befehlen*
- a piacere: *nach Lust und Laune*
- entro: *innerhalb*
- l'elenco: *Liste, Aufstellung*
- scelto, -a: *gewählt*
- valere un punto: *einen Punkt zählen*
- il cielo: *Himmel*

Dopo lo shopping Cinzia e Carlotta aspettano alla fermata dell'autobus. Per passare il tempo decidono di giocare a "Strega comanda colore".

Come si gioca?

Un ragazzo/una ragazza fa la strega e dice "Strega comanda colore (un colore a piacere)". Entro 30 secondi tutti devono scrivere su un foglio un elenco di oggetti del colore scelto dalla strega. Ogni oggetto esatto vale un punto. Vince chi ha più punti.

Modello: "Strega comanda colore celeste!" → cielo, mare, …

E2 **Carlotta ama il rosso**

Anche se Carlotta alla fine non ha comprato niente di rosso, lei e sua madre amano questo colore. Carlotta conosce anche una poesia sul colore rosso. Eccola:

- il pesciolino: *Fischlein*
- la cresta: *Kamm des Hahns*
- la brace: *Glut*
- il fornello: *Ofen*
- la torre: *Turm*
- la tegola: *Dachziegel*
- il papavero: *Mohn*
- dedicato, -a: *gewidmet*

Il colore rosso
È rosso il rubino,
rosso il pesciolino;
è rossa la cresta del gallo,
la collana di corallo,
la brace del fornello,
la torre del castello.
Sono rosse le tegole del tetto
e il vestito di Cappuccetto,
il papavero sul bordo del fosso,
il semaforo acceso sul rosso.

1. Leggi la poesia e disegna uno degli oggetti nominati.

2. Scrivi una poesia dedicata al tuo colore preferito.

 E3 **Esperte di moda**

Carlotta e le sue amiche parlano spesso di moda. Raccogliete tutte le loro parole ed espressioni che associate alla moda per creare una mappa mentale!

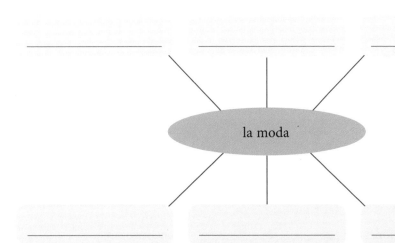

la moda

E4 **Lo scherzo di Laura**

Laura manda questa immagine tramite *Whats App* a Cinzia e Carlotta con il seguente messaggio: "Vuoi Max? Allora vestiti così alla festa!!!!"
Carlotta e Cinzia commentano l'immagine. Completa il dialogo con il superlativo. Attenzione alle concordanze.

Carlotta: È bruttissima questa pettinatura!

Cinzia: Sì ... Va in giro così? È _____ (strano).

Carlotta: Guarda la gonna. È_____ (corto).

Cinzia: Oddio! Anche la maglietta è _____ (stretto).

Carlotta: Ma anche le scarpe sono _____ (basso).

Cinzia: E la collana è _____ (lungo).

Carlotta: Incredibile poi questa borsa. È _____ (piccolo).

Supermarket Lady di Duane Hanson

E5 **È proprio alla moda!**

Carlotta e Cinzia continuano a commentare l'immagine. Completate il dialogo con le seguenti doppie negazioni:

| non ... neanche | non ... più | non ... né ... né ... | non ... mai | non ... niente |

Carlotta: Secondo me _____ si può permettere _____ la minigonna,

_____ le scarpe basse.

Cinzia: Hai proprio ragione. _____ è _____ una ragazzina.

Carlotta: E poi guarda! Il rosa _____ le sta per _____ bene.

Cinzia: A me _____ piace _____ questo blu della gonna.

Lo trovo orrendo.

Carlotta: Mah, i colori non sono il suo unico problema! Secondo me _____

ha _____ fatto sport.

E6 **Mica solo le ragazze vogliono essere belle!**

1. In questo momento, a casa, anche Fabrizio e Giuliano decidono come vestirsi per andare alla festa di Max.

a noi   a lui   a lei   a me   a te   a me   a loro

Giuliano: Fabrizio, che pensi? Alle ragazze piace l'uomo in cravatta?

Fabrizio: Penso proprio di no. _____ piace l'uomo sportivo.

Giuliano: Allora per la festa di Max mi metto i jeans con le scarpe da ginnastica.

Fabrizio: _____ non piace indossare le scarpe da ginnastica di sera.

Giuliano: _____ piace vestire casual cioè tra l'elegante e lo sportivo.

_____ però piace vestire sportivo.

Fabrizio: Cinzia mi ha detto che anche _____ piace combinare i due stili.

Giuliano: Allora lo dobbiamo dire a Max.

Fabrizio: Ma _____ non interessa cosa piace agli altri. Lui ha il suo stile.

Giuliano: Sì, che però _____ non piace! Ahhhhhh!!!

2. Adesso tocca a te: Cosa ti piace indossare di sera? E al tuo compagno di banco? Scambiate anche voi – come Fabrizio e Giuliano – le vostre idee in un piccolo dialogo e usate i pronomi tonici.

53–54 **E7** **Anche Max vuole fare bella figura …**
Max vuole essere alla moda per la sua festa di addio e va a fare shopping.
Ascolta il dialogo e indica con una crocetta se le risposte sono vere o false.

	vero	falso
1. Max cerca dei pantaloni neri e una maglietta bianca.	☐	☐
2. Max non conosce le taglie italiane.	☐	☐
3. A Max non piace la maglietta con la stampa.	☐	☐
4. Ultimamente Max è dimagrito.	☐	☐
5. Max prende la maglietta in M perché è più comoda.	☐	☐
6. Alla fine Max paga 50 €.	☐	☐

E8 **"Faccio la mia valigia e porto con me …"**

Dopo lo shopping Cinzia e Carlotta aspettano l'autobus per tornare a casa.
Le ragazze decidono di fare un gioco: "Faccio la mia valigia e porto con me …".
Continuate.

B È ora di salutarsi ...

 55–56 | E 1 | **Giuliano e l'organizzazione!**

Ascolta il testo e decidi se le informazioni
sono vere o false. Correggi dov'è necessario.

1. La festa d'addio di Max è sabato. ☐ vero ☐ falso

_____

2. Giuliano vuole fare la lista della spesa. ☐ vero ☐ falso

_____

3. Giuliano si occupa della musica. ☐ vero ☐ falso

_____

4. Sara compra un regalo perché è gia stata in centro. ☐ vero ☐ falso

_____

5. Sara non ha ancora nessuna idea cosa comprare. ☐ vero ☐ falso

_____

6. Simone non sa dove fare la festa. ☐ vero ☐ falso

_____

7. Carlo vuole fare la festa a casa di Simone. ☐ vero ☐ falso

_____

8. C'è un giardino bellissimo. ☐ vero ☐ falso

_____

9. Fabrizio compra la carne. ☐ vero ☐ falso

_____

10. Elisa compra le spezie. ☐ vero ☐ falso

_____

11. Carlotta prepara la torta al limone. ☐ vero ☐ falso

_____

12. Le casse di Simone non funzionano bene. ☐ vero ☐ falso

_____

13. I ragazzi vogliono anche fare il karaoke. ☐ vero ☐ falso

_____

14. Gli amici dicono che Giuliano è uno scemo. ☐ vero ☐ falso

_____

E2 **Giuliano e Carlotta controllano la lista.**

Aiutali e completa il dialogo con un pronome oggetto diretto.

Giuliano: Chi compra il regalo per Max?

Carlotta: _____ compra Sara in città.

Giuliano: Dove facciamo la festa?

Carlotta: _____ facciamo a casa di Carlo.

Giuliano: Chi compra la carne?

Carlotta: _____ compra Fabrizio.

Giuliano: Chi porta le bevande?

Carlotta: _____ porta Elisa.

Giuliano: Chi prepara la torta?

Carlotta: _____ prepariamo noi!

Giuliano: Chi scarica la musica?

Carlotta: _____ scarica Simone.

Giuliano: Chi porta le casse?

Carlotta: _____ porta Fabrizio.

Giuliano: Chi canta *Il mondo insieme a te* per Max?

Carlotta: _____ cantiamo tutti insieme!

Giuliano: Perfetto. Non abbiamo dimenticato niente!

57–58 **E3** **Dal macellaio**

Fabrizio e sua madre sono dal macellaio però devono aspettare un bel po' perché ci sono altri clienti. Ascolta cosa compra la cliente prima di loro e poi rispondi alle domande.

1. Dopo il primo ascolto: indica con una crocetta la risposta giusta.

1. La signora compra ☐ cinque cosce di pollo. ☐ quattro cosce di pollo. ☐ un pollo intero.	2. La signora va in questa macelleria perché la carne è ☐ fresca. ☐ freschissima. ☐ biologica.
3. La signora prende ☐ del manzo. ☐ 500 g di manzo. ☐ 1 kg di manzo.	4. Stasera la signora vuole preparare ☐ gli spiedini. ☐ la grigliata. ☐ il brodo.
5. Al figlio della signora piacciono ☐ le salsicce. ☐ le polpette. ☐ le ossa.	6. La spesa viene in tutto ☐ 27 €. ☐ 7 €. ☐ 17 €.

2. Dopo il secondo ascolto: rispondi alle domande.

1. Che cosa compra la signora in macelleria?
2. Perché fa la spesa qui?
3. Che cosa vuole preparare stasera la signora?
4. Quanto paga alla fine?

 E 4 **Fare la spesa**

Max riflette: che cosa può comprare dove? Aiutalo! Usa anche il dizionario per trovare più esempi.

Dal fruttivendolo:	Dal macellaio:	Dal salumiere:
_____	_____	_____
_____	_____	_____
_____	_____	_____
_____	_____	_____
_____	_____	_____

 p. 79   **E 5** **Vegetarianismo: modello di vita o moda?**

I ragazzi continuano a parlare delle varie mode in Germania e in Italia. Parlano anche della moda dei vegetariani e vegani. Trovano questo testo in internet e lo leggono insieme. Leggete anche voi il testo e poi trovate le risposte alle domande.

Vegetarianismo: modello di vita o moda?

Diventare vegetariani è solamente la moda del momento?

Chi è il vegetariano? Vegetariano è chi non mangia carne ma può bere il latte, mangiare le uova e il formaggio. I vegani invece sono quelli che non mangiano nessun tipo di prodotto di origine animale.

5 Insomma un vegetariano non è semplicemente una persona che non mangia la carne, è un individuo che segue un percorso etico: rispetta la natura, fa una dieta sana ed è un animalista convinto.

Essere vegetariani o vegani non è una moda del momento, ispirata dalle *celebrities* di Hollywood più salutiste: sono sempre di più le persone che
10 seguono questo regime alimentare – solo in Italia sono ben 5 milioni – e la scelta riguarda spesso le donne. Ma si può davvero fare a meno della carne? Un vegetariano va incontro a dei rischi per la propria salute? Nel mondo vegetale le sorgenti di fonti proteiche ci sono! I legumi, i cereali, la soia e le verdure possono essere una buona alternativa alla carne.

15 Essere vegetariano: MISSIONE DIFFICILE, NON IMPOSSIBILE

Sara Caprasecca

Fonte: http://www.melarossa.it/index.php?option=com_content&view=article&id=1347:veget arismo-modello-di-vita-o-moda-passeggera

(Testo abbreviato e modificato)

1. Dopo la prima lettura: indica con una crocetta se le risposte sono vere o false.

	vero	falso
1. Il vegetariano non mangia né la carne né le uova.	☐	☐
2. Il vegano non mangia prodotti di origine animale.	☐	☐
3. Il vegetariano è semplicemente una persona che non mangia la carne.	☐	☐
4. Essere vegano è una moda che viene da Hollywood.	☐	☐
5. Circa 5 milioni di persone in Italia sono vegani o vegetariani.	☐	☐
6. Ci sono buone alternative alla carne, ricche di proteine.	☐	☐

2. Dopo la seconda lettura: rispondi alle domande.

1. Qual è la differenza tra un vegetariano e un vegano?
2. Quali altri cibi si possono mangiare al posto della carne?

3. Vegetarianismo: una scelta per te? – Esprimi la tua opinione.

Comincia così: "Secondo me … "

  E6 **Arrivederci Max**

Soprattutto le ragazze della classe di Max sono tristi per la partenza di Max.
Preparano un libretto con tante piccole poesie personali per lui. Cinzia scrive un
acrostico per Max.

• il libretto: *Büchlein*
• personale: *persönlich*
• acrostico:
  Akrostichon

1. Scegliete un mese e scrivete un acrostico per un vostro amico.

Modello:
A ndare in
G iro
O prendere il
S ole con in mano un
T è freddo
O sole mio

• freddo: *kalt*
• il sole: *Sonne*

2. Carlotta scrive una poesia di undici parole per Max. Parte con l'idea del suo
colore preferito. Scrivete anche voi una tale poesia.

• l'amore: *Liebe*

Modello: *rosso*
              l'amore
            ti amo tanto
          sei unico per me
              Max

E7 **Pagella per alunni non madrelingua italiana**

Alla fine dell'anno scolastico Max riceve una pagella speciale per alunni non madrelingua italiana che non contiene voti numerici, ma solo giudizi analitici. Naturalmente i suoi genitori vogliono sapere com'è andato l'anno scolastico e gli chiedono delle spiegazioni sulla pagella. Max scrive un'e-mail in cui riferisce le principali informazioni ai genitori, senza però parlare delle critiche espresse dalla professoressa Cassati. Scrivi quest'e-mail.

Liceo Scientifico Statale "C. Cavour"
via delle Carine n.1, 00184 Roma
anno scolastico 20…/20…

Pagella per alunni non madrelingua italiana
Max Lindner nato il 10-06-20… a Colonia, Germania

Nel corso del secondo quadrimestre l'alunno si è inserito in modo positivo nella vita di classe e nelle diverse attività manifestando viva partecipazione, grande volontà di appredimento, ma un comportamento non sempre corretto durante le lezioni e che ha mostrato un particolare interesse per le compagne di classe. Questo dipende anche dal fatto che, nel corso del quadrimestre, l'alunno ha sviluppato ulteriori legami di amicizia con i compagni, da cui è rispettato e apprezzato, mentre la sua interazione con gli insegnanti deve essere ancora sollecitata.

Sul piano degli apprendimenti ha seguito in maniera positiva la programmazione scolastica, grazie anche alla buona conoscenza della lingua italiana, in cui inizia a esprimersi con frasi complete e ben strutturate. I risultati raggiunti sono decisamente buoni.

Prof.ssa A. Cassati

Esercizi differenziati

Lezione 2

E1 *p. 18* **E Carlotta, che pensa?** Und woran denkt Carlotta?

Carlotta scrive subito nel suo diario. Completa il testo con la forma corretta dei verbi.
Carlotta schreibt gleich in ihr Tagebuch. Ergänze den Text mit den entsprechenden
Verbformen.

_____ (arrivare) a casa, e Max _____

(guardare) subito il computer di Giuliano. _____ (essere) un computer

nuovo e sotto la scrivania _____ (esserci) molti giochi. I giochi preferiti

di Giuliano _____ (chiamarsi) *Canis Canem edit*

e *Calcio Hero*. Certo, Giuliano _____ (domandare)

subito a Max: "_____ (giocare)?" E allora i ragazzi

_____ (pensare) solo a giocare a questi giochi.

E2 **Di chi sono le cose?** Wem gehören die Sachen? Partner **B**

Sei partner **A**? Vai a pagina 18.

• il libro: *Buch*
• lo stereo: *Stereoanlage*

Ma che caos nella camera di Carlotta! Lavorate in due. Guardate le immagini e
fate domande e risposte. Arbeite mit deinem Partner. Schaut die Bilder an.
Der eine stellt eine Frage, der andere antwortet, dann wird gewechselt.

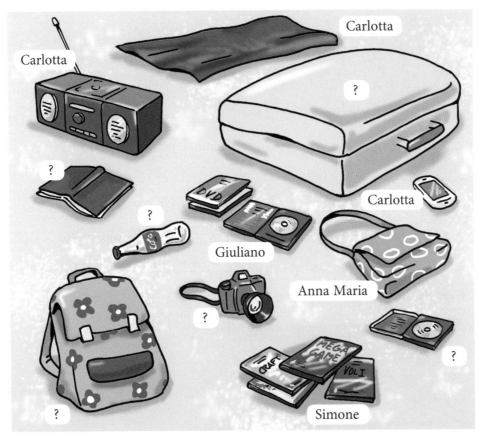

Modello:
A: Di chi è la valigia?
B: La valigia è di … .
B: Di chi sono i giochi?
A: I giochi sono di … .

E3 p. 19 **L'appartamento della famiglia Schiatti** Die Wohnung der Familie Schiatti

Carlotta parla dell'appartamento. Completa con l'aggettivo possessivo. Carlotta spricht über die Wohnung. Vervollständige den Text mit dem richtigen Possessivadjektiv.

i suoi   i loro

le mie

                  il nostro

i miei (3x)

il loro   le sue

la mia

Amo molto _____ appartamento. È grande e bello! Anche

_____ camera è bella: ci sono _____

libri, _____ riviste e _____ CD. Poi c'è la camera

di Giuliano. Lui ha molto spazio per _____ cose: soprattutto

• lo spazio: *Platz*
• soprattutto: *vor allem*

_____ giochi! Anche _____ genitori hanno

una bella camera da letto con _____ letto e _____

due armadi. È veramente un appartamento molto bello!

Lezione 3

E9 *p. 31*   **E dopo la scuola? Subito al forum!** Und nach der Schule? Gleich ins Forum!

1. Al forum ci sono due nuovi studenti: si chiamano George Smith e Swantje Battes. Metti la forma giusta dei verbi fra parentesi. Im Forum sind zwei neue Schüler: Sie heißen George Smith und Swantje Battes. Setze die richtige Form der Verben in Klammern ein.

_____ (avere) 14 anni e _____ (essere) inglese.

Mi _____ (piacere) giocare e stare con gli amici.

Mi _____ (piacere) le lingue: parlo inglese e un

po' d'italiano. Non mi _____ (piacere) la

matematica e la fisica … ;(

Il mio sport preferito _____ (essere) il tennis. Quando _____ (avere) tempo

chatto con gli amici inglesi o _____ (uscire) con i compagni italiani.

_____ (bere) spesso una coca insieme o mangiamo un gelato al "Giolitti".

Simpatico, no ;) Su ragazzi, perché non _____ (uscire) insieme?!

George

• chattare: *chatten*

_____ (avere) 16 anni e _____ (essere)

olandese. _____ (essere) di Rotterdam.

Non mi _____ (piacere) lo sport e non mi

_____ (piacere) gli spaghetti! Strano,

no? _____ (avere) molte amiche italiane e

_____ (uscire) spesso. _____ (bere) qualcosa al bar o

andiamo al cinema. Mi _____ (piacere) molto i film italiani!

_____ molto contenta di essere in Italia!

Ci _____ altri olandesi nel forum? Mi _____ chattare con voi!

Swantje

• strano, -a: *komisch, seltsam*

• contento, -a: *glücklich, zufrieden*

2. Stasera Max vuole raccontare nel forum le esperienze di oggi. Vuole anche spiegare le differenze con la sua scuola a casa. Che cosa scriverà? Formulate alcune idee. Heute Abend will Max seine heutigen Erfahrungen dem Forum mitteilen. Er will auch Unterschiede zu seiner Schule zu Hause erklären. Was wird er wohl schreiben? Formuliere einige Ideen.

Lezione 4

E 4 **Numeri! Numeri!** Zahlen über Zahlen! Partner **B**

Sei partner A? Vai a pagina 41.

1. Che numeri Was für Zahlen!

Lavorate in due: B comincia e legge il numero. A scrive il numero. Poi A legge il numero e B lo scrive. Alla fine controllate le vostre soluzioni. Arbeitet zu zweit: B fängt an und liest die Zahl vor. A schreibt die Zahl auf. Dann liest A vor und B schreibt sie. Vergleicht am Schluss eure Ergebnisse.

A	B
23	ventitré
	54
65	sessantacinque
	32
86	ottantasei
	71
102	centodue
	395
999	novecentonovantanove
	410
6 147	seimilacentoquarantasette
	2 314
32 498	trentaduemilaquattrocentonovantotto
	80 855
654 015	seicentocinquantaquattromilaquindici
	219 326

2. Sempre numeri! Immer noch Zahlen!

Max e Giuliano fanno tante foto e poi cominciano a fare la gara con i loro ipad: chi trova la risposta per primo? Lavora con un compagno di classe. Partner A comincia a chiedere, poi scambiate. Max und Giuliano machen viele Fotos und beginnen dann einen Wettstreit mit ihren ipads: Wer findet zuerst die Antwort? Arbeite mit einem Klassenkameraden. Partner A fängt mit Fragen an, dann wird getauscht.

B
1. A Roma ci sono circa 400 chiese.
2. Quante fontane ci sono a Roma? (duemila)
3. A Roma ci sono 8 035 fermate.
4. Quanti stranieri vivono a Roma? (duecentonovantamila)
5. Circa 10 500 000 turisti visitano Roma all'anno.
6. Quanti abitanti ha Roma? (due virgola sette milioni)
7. Il Vaticano è indipendente dal 1929.

- gli stranieri: *Ausländer, Fremde*
- visitare: *besuchen, besichtigen*
- la virgola: *Komma*

E9 **Un po' di storia** Partner B

Sei partner A? Vai a pagina 45.

Lavorate in due: uno di voi legge la frase con le cifre. L'altro controlla. Poi viceversa.

Arbeitet zu zweit: Einer von euch liest den Satz mit den Zahlen. Der andere kontrolliert. Dann wird gewechselt.

B

1. Nel settecentocinquantatré avanti Cristo nasce Roma.
2. Dal 49 al 44 a. C. Gaio Giulio Cesare ha il potere assoluto su tutto l'Impero Romano.
3. Nel Quattrocento e nel Cinquecento dopo Cristo Michelangelo lavora a Roma.
4. L'Italia diventa una Repubblica nel 1948.
5. Nel duemilaquattordici la Germania vince i mondiali di calcio.
6. Dal 2005 al 2013 c'è un papa tedesco nel Vaticano.
7. Dal millenovecentoventinove il Vaticano è uno stato indipendente.
8. Dal 2003 la Galleria Alberto Sordi in via del Corso porta questo nome.

- il potere assoluto: *uneingeschränkte Macht*
- l'Impero Romano: *Römisches Reich*
- vincere i mondiali: *Weltmeisterschaft gewinnen*

E2 **Il mercato nuovo – un labirinto?** Partner B

Sei partner A? Vai a pagina 46.

E dove si possono comprare altri prodotti? Ecco la pianta del mercato nuovo.

Sei davanti all'ingresso principale. Domanda al tuo partner, dove si trovano 1. vini e olio, 2. libri, 3. pane, e 4. il WC.

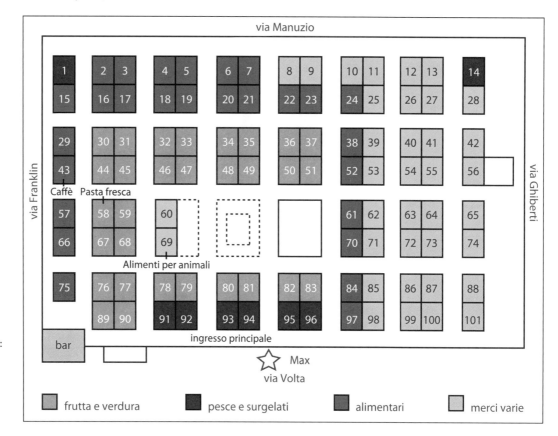

- la frutta: *Obst*
- la verdura: *Gemüse*
- i surgelati: *Tiefkühlware*
- le merci varie: *Gemischtwaren*
- l'ingresso principale: *Haupteingang*
- fresco, -a: *frisch*
- l'animale: *Tier*
- il vino: *Wein*
- l'olio: *Öl*

E4 p. 48   **I prof amano gli imperativi!**

1. Scegli la forma dell'imperativo.

- Mondini, (cominci/comincia/cominciare) a lavorare!
- Bruni, (stai/stia/sta') zitta!
- Schiatti, (non chiacchierare/non chiacchiera/non chiacchierate) con Marollo!
- Di Francesco, (prende/prenda/prendi) i tuoi libri!
- La Placa, (fai/fa'/faccio) attenzione!
- Cassati, Scardaccione (guardate/guardite/guardiate) la lavagna!
- Baldelli, (dai/dà/do) una penna a Bertoli!
- Scardaccione, (non dormi/non dorme/non dormire)!
- Rubini, Baldelli (ripetate/ripitete/ripetete) per favore!
- Mattioli, (ascolta/ascolti/ascolto) quello che dico!
- Franchini, (non scrive/non scrivi/non scrivere) sul banco!
- Dastice, (vai/va'/andate) a prendere il gesso!

• far attenzione: *aufpassen*

• ripetere: *wiederholen*

2. Che cosa dice il tuo/la tua prof? Trova altri imperativi.

E5   **Scusa, dov'è …?** Partner B

41–42   Sei partner A? Vai a pagina 49.

1. Ascolta come Max chiede la via a due romani e delinea i suoi percorsi sulla pianta di Roma.

2. Adesso fai come Max. Sei in una città che non conosci, davanti alla stazione.
Chiedi al tuo partner quale strada devi prendere per arrivare 1. all'edicola,
2. in gelateria, 3. in salumeria, 4. in banca, 5. al supermercato.

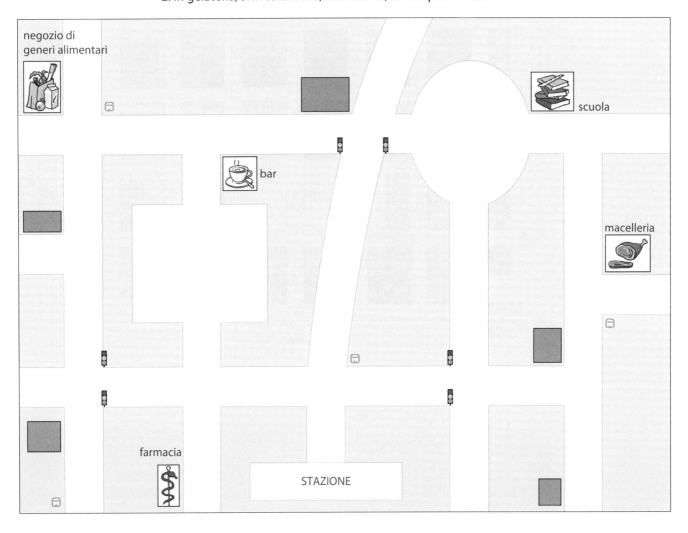

Lezione 5

E2 *p. 53* **Sabato a casa degli Schiatti**

1. Com'è un sabato mattina a casa degli Schiatti? Completa il dialogo tra Giuliano e Max con i seguenti verbi riflessivi.

Giuliano: _____ (farsi) la doccia adesso?

Max: No, vai pure prima tu in bagno. Fra dieci minuti

_____ (incontrarsi) con Fabrizio.

Vogliamo andare a correre nel parco.

Giuliano: Ma sono le sei ?! _____ (allenarsi) sempre così presto la mattina?

Max: Sì, perché mi piace. Vuoi venire anche tu?

Giuliano: No, grazie. Oggi non _____ (sentirsi) tanto bene.

Max: Ho capito. Allora _____ (riposarsi)!

La prossima volta _____ (allenarsi) insieme, va bene?

Giuliano: D'accordo! Magari stasera?

Max: No, stasera _____ (riposarsi).

2. E com'è il sabato sera? Completa il dialogo tra Giuliano e Max con la forma giusta dei verbi fra parentesi.

Giuliano: Max, hai voglia di venire con noi al cinema? _____

(incontrarsi) con Fabrizio davanti al cinema alle 7.

Max: Stasera non mi va. _____ (sentirsi) stanco.

_____ (riposarsi) un po'.

Giuliano: Sei stanco perché _____ (alzarsi) sempre così presto.

Dai, oggi è sabato. _____ (divertirsi).

Max: Va bene! _____ (farsi) la doccia, _____

(vestirsi) e poi partiamo!

Giuliano: Così mi piaci! Domani _____ (allenarsi) insieme.

Ma non prima delle 10!!!

E2 _p. 60_ **Tra una lezione e l'altra ...**

Chi ha fatto che cosa? Indica con una crocetta la soluzione giusta.

1. I ragazzi parlano
☐ del tempo libero.
☐ del compito in classe.
☐ di ieri sera.

2. Fabrizio è uscito con
☐ Max.
☐ Marco.
☐ Luigi.

3. Il figlio della prof è
☐ terribile.
☐ ancora piccolo.
☐ molto bello.

4. Simone
☐ ama l'italiano.
☐ ha studiato molto.
☐ ha passato una serata tranquilla.

5. I Modà
☐ fanno musica.
☐ è una rivista di moda.
☐ hanno un nuovo album.

6. Alice Rohrwacher è
☐ una regista e ha (fatto) un nuovo film.
☐ un'attrice.
☐ la nuova prof d'italiano.

7. Tiziana vuole vedere il nuovo film
☐ con la prof e suo figlio.
☐ con la prof e tutta la classe.
☐ di Alice Rohrwacher.

E8 _p. 62_ **Una domenica fantastica!**

Max ha ricevuto un'e-mail dei suoi compagni di classe che parla della scorsa domenica. Purtroppo non può leggerla. Il suo programma è andato in tilt e tutte e le parole e frasi dell'e-mail sono in disordine. Aiuta Max e riscrivi il testo.

Oggetto: Che domenica fantastica!

Caro Max,

1. stata / è / fantastica / domenica / scorsa / la

2. cinema / siamo / al / andati

3. tempo / all'inizio / stato / un / difficile / e / guardare / allo / stesso / leggere / è / po'

4. noi / con / fine / alla / anche / venuto / è / regista / film / del / parlato / ha / e / il

5. divertirti / ma ciò nonostante / siamo / ci

6. tedesco / in / visto / film / un / originale / in / italiano / versione / sottotitoli / con / abbiamo

Un caro saluto,

Lezione 6

E5 *p. 68* **Vegetarianismo: modello di vita o moda?**

I ragazzi continuano a parlare delle varie mode in Germania e in Italia. Parlano anche della moda dei vegetariani e vegani. Trovano questo testo in internet e lo leggono insieme. Leggete anche voi il testo e poi trovate le risposte alle domande.

> **Vegetarianismo: modello di vita o moda?**
>
> Diventare vegetariani è solamente la moda del momento?
>
> Chi è il vegetariano? Vegetariano è chi non mangia carne ma può bere il latte, mangiare le uova e il formaggio. I vegani invece sono quelli che non mangiano nessun tipo di prodotto di origine animale.
>
> 5 Insomma un vegetariano non è semplicemente una persona che non mangia la carne, è un individuo che segue un percorso etico: rispetta la natura, fa una dieta sana ed è un animalista convinto.
>
> Essere vegetariani o vegani non è una moda del momento, ispirata dalle *celebrities* di Hollywood più salutiste: sono sempre di più le persone che 10 seguono questo regime alimentare – solo in Italia sono ben 5 milioni – e la scelta riguarda spesso le donne. Ma si può davvero fare a meno della carne? Un vegetariano va incontro a dei rischi per la propria salute? Nel mondo vegetale le sorgenti di fonti proteiche ci sono! I legumi, i cereali, la soia e le verdure possono essere una buona alternativa alla carne.
>
> 15 Essere vegetariano: MISSIONE DIFFICILE, NON IMPOSSIBILE
>
> *Sara Caprasecca*
>
> Fonte: http://www.melarossa.it/index.php?option=com_content&view=article&id=1347: vegetarismo-modello-di-vita-o-moda-passeggera
>
> (Testo abbreviato e modificato)

1. Dopo la prima lettura: indica con una croce la risposta giusta.

1. Il vegetariano può mangiare ☐ le uova e il formaggio. ☐ la carne e le uova. ☐ la carne e il formaggio.	2. Il vegetariano non mangia la carne perché ☐ non ama gli animali. ☐ non ama gli animali ma rispetta la natura. ☐ ama mangiare sano e ama gli animali.
3. Essere vegetariani o vegani è un modo di alimentarsi seguito spesso ☐ dalle donne. ☐ dai giovani. ☐ dagli uomini.	4. Le alternative alla carne sono ☐ il pesce e le verdure. ☐ la pasta e i cereali. ☐ i legumi, i cereali e la soia.

2. Fai un identikit del vegetariano e del vegano. Distribuisci nella tabella le informazioni che appartengono alle due categorie. Attenzione! Alcune informazioni possono appartenere a tutte e due le categorie.

non mangia nessun tipo di prodotto di origine animale
non mangia né la carne né le uova
non mangia la carne ma mangia le uova
è un animalista convinto
rispetta la natura
mangia il formaggio e beve il latte
mangia i legumi, i cereali e la soia
mangia le verdure

il vegetariano	il vegano